ÉTUDE

sur

UNE FAMILLE DE PROVENCE

(LES DE LESTANG-PARADE)

PARIS
TYPOGRAPHIE A. HENNUYER
RUE DARCET, 7

1883

LES

DE LESTANG-PARADE

ÉTUDE

SUR

UNE FAMILLE DE PROVENCE

(LES DE LESTANG-PARADE)

PARIS
TYPOGRAPHIE A. HENNUYER
RUE DARCET, 7
—
1883

AVIS AU LECTEUR

En entreprenant ce travail, je n'avais d'abord d'autre but que de fixer les souvenirs d'une famille, d'en établir la généalogie jusqu'à l'époque actuelle et d'expliquer ou de rejeter les faits qui la concernent, lorsqu'ils me paraîtraient obscurs ou erronés.

Peu à peu, mon cadre s'est élargi. En suivant la famille en question dans ses différentes situations, j'ai eu à relire l'histoire entière de la France, en particulier celle de la Provence et surtout celle des villes d'Arles et d'Aix. J'ai trouvé là un intérêt bien supérieur à celui auquel je m'étais attendu. Il est vrai que ma persévérance a été récompensée par quelques-unes de ces trouvailles heureuses qui font la joie d'un antiquaire, d'un bibliophile, disons seulement d'un curieux comme moi. Tel est, à la Bibliothèque nationale, l'original du procès-verbal dressé à la mort de Henri III et où se trouve la signature authentique de Loys (ou Louis) de Parade, l'un des aumôniers du roi ; tel est encore, à la Bibliothèque d'Arles, le *Discours généalogique de la maison de Lestang*, dressé par Jacques de Lestang, publié par lui, à Aix, en 1655, ainsi que des mémoires manuscrits où l'abbé Bonnemant a rassemblé, en 1772, une quantité de documents concernant cette famille.

Ces notices et d'autres encore avaient été citées par César de Nostradamus et Papon, les historiens de la Provence ; mais on pouvait les croire perdues. Le *Discours* de 1655, cité par le P. Lelong (*Bibliographie de la France*, tome III, p. 799, n° 42919) et par M. Guigard (*Bibliographie héraldique*, p. 384, n° 4136, un vrai travail de bénédictin), n'existe pas dans les bibliothèques de Paris, mais on le trouve dans celle de la ville d'Arles. J'ai pu m'en procurer un exemplaire, ainsi qu'une copie des mémoires manuscrits de l'abbé Bonnemant, déposés à la même bibliothèque.

Je donne ici le résultat de mes recherches. Je n'ai mis dans ce travail d'autre prétention que celle d'une entière sincérité.

On y verra la preuve de ce que M. Taine nous a déjà fait voir dans son beau livre sur l'ancien régime et la Révolution. M. Taine s'exprime ainsi :

« Il faudra toujours regretter qu'au lieu de plier cette noblesse sous l'empire des lois, on l'ait abattue et décimée : en agissant ainsi, on a ôté à la nation une portion nécessaire de sa substance et fait à la liberté une blessure qu'elle ne guérira jamais. »

Les regrets qu'au nom de la liberté exprime si éloquemment M. Taine peuvent être plus ou moins partagés ; mais ces regrets sont superflus. La noblesse aujourd'hui n'est plus qu'un souvenir historique ; mais, à ce titre, son histoire mérite d'être conservée comme faisant partie de l'histoire même de la France.

M. Taine nous fait voir que les charges des nobles d'autrefois étaient loin d'être compensées par leurs privilèges. Les héritages inégaux, les fils puînés allant au loin chercher une carrière ou entrant dans l'Eglise ; les filles religieuses ; l'aîné lui-même appauvri par les légitimes et les dots données à ses frères et à ses sœurs ; à ce prix seul, la famille noble soutenait son rang, et, malgré tout, le droit d'aînesse en France amenait peu à peu la ruine.

Cependant ce système d'hérédité a duré plusieurs siècles, pendant lesquels la France s'est constituée et a assuré son influence en Europe. Il existe encore chez plusieurs de nos voisins. Il a été brusquement changé chez nous il y a moins d'un siècle. Il ne saurait revivre. Mais, si la loi n'accorde plus aucun privilège aux anciens nobles, les mœurs leur imposent encore des devoirs, et surtout celui de se rendre dignes de leurs ancêtres. C'est dans le but de tracer la voie aux descendants de ceux qui nous occupent que nous avons recueilli ces notes.

Il me reste à remercier de leur parfaite obligeance MM. les conservateurs de la Bibliothèque nationale, qui m'ont tant facilité ma tâche. Je ne fais ici que leur rendre la justice que leur doivent tous ceux qui viennent s'adresser à leur profonde érudition et à leur complaisance inépuisable.

Un mot de remerciement est bien dû également à M. le bibliothécaire de la ville d'Arles, pour les recherches que, sur ma prière, il a bien voulu faire dans l'intéressant dépôt dont il a la garde.

ARMES DE LA FAMILLE DE LESTANG-PARADE.

(Tirées de l'arbre généalogique dressé en 1655, par Jacques de Lestang-Parade; de l'*Etat de la Provence*, par Robert de Briançon, Paris, 1683; de l'*Armorial général de France*, établi en 1699 (voir Bibliothèque nationale, Provence, tome Ier, page 382, n° 25, et de l'*Armorial de Provence*, par Artefeuille, Avignon, 1776).

D'or, au lion d'azur, lampassé et armé de gueules, supports et cimier des lions d'or; l'écu timbré d'une couronne de marquis. Devise ; *Ad utrumque*.

PRINCIPALES ALLIANCES DE LA FAMILLE.

De Martins de Puylobier. — D'Eyguières de Méjanes. — De Chiavari. — De Renouard. — De Sabatier. — Porcelet de Maillanne. — De Sade d'Eyguières. — De Raoulx de Seillans. — De Simiane de la Coste. — De Roland de Cabanes. — D'Albert du Chaine. — De Varadier de Saint-Andéol. — Bruni d'Entrecasteaux. — De Castellane de Mazaugnes. — D'Aymini du Mas-blanc. — De Ricard de Bréganson. — De Galliffet. — De Forbin la Barben. — De Saint-Vincent. — De Saporta. — De Marcellus.

TITRES.

Marquis, Comte, Vicomte de Lestang-Parade.

LES

DE LESTANG-PARADE

La famille de Lestang-Parade est, d'après tous les historiens, l'une des plus anciennes de la Provence. Comme dans beaucoup de familles (1), l'orthographe du nom a varié avec le temps. Il s'écrivait autrefois ainsi : de l'Estang de Parade ou de Parades. Aussi, dans presque tous les ouvrages antérieurs à la Révolution, ne faut-il rechercher son histoire que sous le nom de : Estang (de l'). Mais dans les divers actes libellés depuis que les pres-

---

(1) Dans beaucoup d'ouvrages biographiques ou historiques, on emploie souvent le mot *maison* comme synonyme du mot *famille*. Tallemant des Réaux raconte à ce sujet l'anecdote suivante : « M. le chancelier Séguier, dont la fille avait épousé le petit-fils de M. de Sully, lui ayant une fois écrit en ces mots : « Pour conserver la paix *dans nos familles*, il s'en mit « en colère et dit que le mot de *famille* n'était bon que pour le chance- « lier qui n'était qu'un citadin. » (V. *Hist. sur le duc de Sully.*) Ce n'était pas, en effet, le mot usité à cette époque, et surtout en Provence. On disait : *Fonder une maison; Faire une bonne maison.* Jacques de Lestang dit toujours : *la maison de Lestang.* M. Ch. de Ribbe : *les Familles et la Société en France avant la Révolution*, t. II, p. 238) cité le testament d'un paysan de la Provence qui parle de *l'advancement de sa maison*. Mais d'Hozier, dans les annotations faites de sa main sur l'exemplaire de l'ouvrage sur la Provence de Robert de Briançon, déposé à la réserve de la Bibliothèque nationale, raye toujours le mot *maison* pour y substituer le mot *famille*, quand il ne s'agit pas de familles régnantes ou ne possédant pas les grandes charges de la couronne. Nous avons ici suivi l'exemple du chancelier Séguier et de d'Hozier.

criptions du code civil sont en vigueur, il ne s'écrit plus que de la manière suivante : *De Lestang-Parade*.

Il y a eu cependant des alternances, et la plus remarquable est certainement celle qui apparaît dans l'opuscule de Jacques de Lestang (sic) publié en 1655. D'autres auteurs ont donné le nom ainsi : l'Estan ou Lestan. L'abbé Bonnemant dit toujours : Parade de l'Estang. Mais depuis le code civil, ainsi que je l'ai dit, la fixité du nom est assurée.

Cette famille est originaire de la ville d'Arles. Plusieurs historiens et chronologistes s'en sont occupés et ont donné d'elle des généalogies plus ou moins détaillées, plus ou moins exactes. On les trouvera dans les ouvrages que j'ai consultés, mais que j'ai aussi contrôlés avec soin, tels que César de Nostradamus (1614) (1), Robert de Briançon (1683) (2), Maynier (1719) (3), Expilly (1766) (4), Artefeuille (1776) (5), Anibert (1782) (6), le *Dictionnaire de Provence* (1786), Noble de la Lauzière (1808) (7), Laisné (1818) (8), et enfin la Chesnaye-Desbois et Badier dans leur *Dictionnaire de la noblesse* réédité en 1865. Mais je me suis surtout servi du précieux Discours généalogique de Jacques de Lestang (1655), dont j'ai déjà parlé, ainsi que des : Mémoires généalogiques sur la famille de l'Estang, de l'abbé Bonnemant (1772), manuscrits déposés à la bibliothèque d'Arles (vol. n° 46).

Le discours de Jacques de Lestang, publié en 1655, et dont j'ai un exemplaire sous les yeux, laisse fort à désirer sous le rapport du style et de la clarté dans l'exposition des faits. Mais il est remarquable de sincérité. L'auteur n'affirme pas les faits dont il n'a plus les traces docu-

---

(1) *Histoire et Chronique de Provence.*
(2) *Etat de la Provence.*
(3) *Histoire de la principale noblesse de Provence.*
(4) *Dictionnaire, etc.*
(5) *Histoire de la noblesse de Provence.*
(6) *Mémoires historiques et critiques sur l'ancienne république d'Arles.*
(7) *Abrégé chronologique de l'histoire d'Arles.*
(8) *Dictionnaire véridique des origines des maisons nobles*, etc.

mentaires à sa disposition, soit qu'elles aient été perdues, soit qu'elles se trouvent, même à sa connaissance, dans d'autres mains où il ne peut aller les consulter. Cette évidente bonne foi m'a porté à le suivre dans sa nomenclature, sauf à la contrôler et à la compléter au besoin.

Quant au travail de l'abbé Bonnemant, dont j'ai une copie en ma possession, il ne contient que des renseignements puisés dans les documents originaux que cet ecclésiastique avait sous les yeux, et qu'il copie souvent *in extenso* ou dont il donne soit des extraits, soit des analyses. L'abbé Bonnemant, promoteur de l'Eglise d'Arles et secrétaire de l'archevêque de cette ville, Mgr du Lau, était un homme de talent et un collectionneur d'écrits de toutes sortes. Il a laissé à la bibliothèque de la ville d'Arles 200 volumes manuscrits, tous relatifs à l'histoire locale. Tous sont traités avec un soin et une exactitude remarquables. Ce qu'il a fait pour la famille de l'Estang (c'est ainsi qu'il écrit le nom), il l'a fait pour beaucoup d'autres familles nobles d'Arles. A l'époque où il écrivait (1772) les documents n'avaient point encore été dispersés par le souffle de la Révolution. Ils existaient encore dans les archives privées et dans les dépôts publics. En sa qualité de promoteur (1) de l'Eglise d'Arles, l'abbé Bonnemant avait dû les rencontrer facilement. Aussi a-t-il pu s'en procurer et en citer un grand nombre qui donnent à son travail un cachet d'authenticité incontestable.

Plusieurs des auteurs cités plus haut relatent que « le moine Hardouin, dans son histoire des Croisades, ou de la croisade de l'archevêque d'Arles du onzième siècle, fait mention d'un chevalier de l'Estang qui conduisit la compagnie de Croisés levée dans cette ville. » Un autre (Maynier) parle des « chartes de la croisade de Clermont », où il serait aussi question de ce chevalier.

---

(1) Le promoteur était l'officier public, le procureur, l'homme d'affaires de l'église à laquelle il était attaché.

Il n'y a pas trace dans l'histoire d'une croisade particulière de l'archevêque d'Arles. Il s'agit, sans doute, de la première croisade qui s'organisa après le concile de Clermont, dont firent en effet partie beaucoup d'habitants du Midi et à laquelle s'adjoignit plus tard l'archevêque d'Arles, Gibelin (V. *Gallia Christiana*). Mais nulle part on ne fait mention d'un moine Hardouin, auteur d'une histoire de cette croisade. J'ai en vain consulté à ce sujet tous les historiens ou bibliographes des Croisades. Il faut donc estimer qu'à moins de recherches ultérieures plus heureuses, il n'y a pas lieu de tenir compte de cette tradition dont Jacques de Lestang ne fait d'ailleurs pas mention.

L'ancienneté de la famille n'en est pas moins très grande. C'est ainsi que, dans ses Mémoires historiques et critiques sur l'ancienne république d'Arles, établis surtout d'après les archives de l'Archevêché, Anibert signale, dans la Suite chronologique des consuls d'Arles, un *Raimundus de Stagno* (de l'Estang) en 1190 et 1198. C'est, en effet, à celui-ci que commencent les traditions de la famille.

I. RAYMOND DE L'ESTANG fut donc consul d'Arles en 1190 et 1198. Jacques de Lestang (j'écris son nom comme il l'écrit lui-même) prétend que ce Raymond figurait déjà dans des actes datant de 1180. Mais il n'avait pas ces actes sous les yeux. Ils étaient passés, par suite d'héritage, dans des familles alliées, et il n'avait pu rentrer en leur possession à la suite d'un procès dont il sera plus loin question. Nous n'en tiendrons donc pas compte.

Plusieurs des auteurs cités plus haut disent aussi qu'il fut caution en 1190 lors d'une donation que firent les Porcelets (l'une des premières familles d'Arles) à une maison du Temple de Saint-Gilles (c'était la grande commanderie de l'ordre du Temple en Provence). Mais on ne dit pas sur quoi repose cette tradition, qui n'est pas, non plus, reproduite par Jacques de Lestang. Son fils et successeur fut :

II. Roland de l'Estang. Les mêmes auteurs, auxquels il convient d'ajouter J. Bovis, auteur d'une histoire d'Arles (1641) et cité par J. de Lestang, prétendent que celui-ci fut podestat d'Arles après que cette ville fut érigée en république. Ce ne peut être qu'une erreur. En effet, les podestats, à Arles comme dans les cités italiennes, étaient toujours choisis parmi les étrangers. Les habitants des cités républicaines, étant sans cesse en dissentiment, choisissaient, pour les mettre d'accord, un étranger, ordinairement un homme de guerre ou chevalier, qui venait, suivi d'hommes d'armes et de jurisconsultes, rendre à chacun une justice impartiale, puisqu'elle était ainsi soustraite à l'influence des partis locaux. On n'aurait pas choisi pour cet office, à Arles, le représentant d'une des principales familles du pays. Ce ne fut que bien plus tard que la famille des Baux s'assura cette charge. Mais alors la république d'Arles, placée sous la domination des comtes de Provence, n'existait plus que de nom. Du reste, ni Anibert, ni Noble de la Lauzière, véritables autorités en la matière, ne font mention d'un podestat de ce nom.

Jacques de Lestang, dans son mémoire de 1655, parle, d'après un travail d'Ardoin de l'Estang, l'un de ses ancêtres, travail aujourd'hui perdu, de divers membres de la famille cités dans des actes de 1225, 1237, 1245 et 1270. Mais je n'en ai trouvé trace nulle part. L'abbé Bonnemant n'a commencé ses recherches qu'à partir de 1300.

« Le premier, dit Jacques de Lestang, de qui la postérité est prouvée jusques à moi, est :

III. Guillaume de l'Estang, l'un des descendants du précédent. Il figurait dans un titre de propriété de l'année 1286, dont la vente avait donné lieu à une rente que J. de Lestang touchait encore en 1655.

Guillaume fut au nombre des soixante chevaliers provençaux qui s'offrirent comme otages et comme caution du payement de la rançon de Charles, prince de Salerne, fils de Charles d'Anjou, premier roi de Sicile et frère de saint Louis. Ce jeune prince avait été fait prisonnier dans la bataille navale livrée, en 1284, contre la flotte du roi d'Aragon, lequel avait envahi la Sicile révoltée contre la maison d'Anjou, révolte qui commença par les Vêpres siciliennes. Quelques historiens, (le P. Fabre, entre autres, dans son Panégyrique de la ville d'Arles (1743), le mettent au nombre des cent chevaliers choisis par Charles Ier d'Anjou pour aller combattre, à Bordeaux, contre cent chevaliers de son compétiteur au trône de Sicile, le roi d'Aragon. Dans son histoire de Provence, M. de Gaufridi donne à ce chevalier le nom de : de Lestang de Pertuis. Mais Noble de la Lauzière, dans son excellent ouvrage sur la ville d'Arles, le cite sous son nom de Guillaume de l'Estang (p. 202).

Guillaume fut marié deux fois, d'abord avec Guillemette ou Guillerme Hebrain, la seconde fois avec Halbruge de Lande. De cette seconde femme, il n'eut qu'une fille, Huguette de l'Estang, mariée à Bertrand de Porcelet ; de la première, il avait eu aussi une fille, Bertrandette, mariée également à un Porcelet, et un fils qui fut :

IV. IMBERT DE L'ESTANG. Celui-ci épousa Guillemette ou Guillerme Soriani. Il eut deux fils et une fille. Sa fille, Raymonde de l'Estang, se maria, en 1351, à Jacques de Cays, qui fut premier syndic d'Arles en 1353 et en 1359. Son second fils, Huguet, ne laissa pas de postérité. Imbert testa, en 1347, en faveur de son fils aîné.

V. GUILLAUME DE L'ESTANG, deuxième du nom. Celui-ci épousa Françoise d'Albarie et figure dans divers actes de 1378, 1385, 1388, 1389, 1399, 1402, 1408, 1409, 1416, cités par l'abbé Bonnemant.

C'était un homme de guerre. Etant au service de la reine Jeanne de Naples, comtesse de Provence, il fut fait prisonnier par les barons, révoltés contre elle, sous les ordres de Raymond des Baux. Il promit, pour sa délivrance, de payer une rançon considérable pour laquelle il donna son fils en otage. La reine, pour le récompenser et lui permettre de retirer son fils des mains de ses ennemis, lui donna la jouissance du péage d'Arles, et quelques autres droits qu'elle avait à Arles, à Tarascon et au lieu de Notre-Dame de la Mer, jusqu'à ce qu'il eût acquitté sa dette. Les lettres patentes de ce don furent expédiées à Naples le 16 mai 1370.

Guillaume mourut en 1416. Il eut plusieurs enfants :

1° Guillaume, qui mourut jeune ;

2° Jean, qui suit ;

3° Honoré, qui fut chanoine de l'Eglise de Notre-Dame des Doms d'Avignon ;

4° Giraude, qui épousa, le 19 janvier 1398, Jacques-Victoris d'Eymargues, en Languedoc ;

5° Guillelmine, qui se maria trois fois, d'abord à Rostang de Codolet, ensuite à Bertrand de Gaufridi, et enfin, le 6 septembre 1422, à Jean de Rocria ;

6° et 7° Catherine et Laure, religieuses de Sainte-Césaire, à Arles.

VI. JEAN DE L'ESTANG prit le nom de : de Parade, à dater de 1455, d'après une terre qui portait ce nom, mais qui s'était d'abord appelée la Porcelette, ayant été possédée par la grande famille des Porcelets d'Arles, de qui son père Guillaume l'avait acquise en 1385. L'acte de vente du 3 octobre 1385, notaire Pascale Fauceugue, est relaté ainsi qu'il suit dans le mémoire de l'abbé Bonnemant : « Anno 1385, die 3 octobris, notario Pascale « Fauceugue, Guilhermus Parade, civis arelatensis, emit « quamdam salinam et rasegiam nominatam la Porce- « lette, situatam in territorio arelatensi. » Cette terre est située sur la rive gauche du Rhône, au territoire appelé le Grand Plan du Bourg, entre le fleuve et le canal actuel d'Arles au port de Bouc. Les deux noms de Parade et de la Porcelette figurent sur la carte de l'état-major.

Cette terre appartient encore en partie à l'un des membres de la famille (1).

Jean de l'Estang de Parade fit d'autres acquisitions de terre en 1442 et 1444. Il augmenta beaucoup son héritage. Il avait épousé, le 25 juillet 1422, Margone ou Marguerite..... Jacques de Lestang prétend que si le nom de cette femme est inconnu, c'est que les notaires de l'époque ne mettaient souvent dans les contrats que les noms propres de la femme, c'est-à-dire leur prénom de fille, et qu'il en est ainsi tant du contrat de mariage de la femme de Jean de l'Estang que du testament qu'elle fit, en 1465, en faveur de son fils Guillaume. Mais l'abbé Bonnemant, d'après des actes qu'il cite, nous donne son nom. Elle s'appelait Marguerite Gauthier, fille de Trophime Gautier, de la ville d'Arles. Ils eurent pour enfants :

1° Guillaume, qui suit :

2° Guinette ou Guinote, qui fut religieuse de Sainte-Claire, d'Arles ;

3° Marthe ou Marthone, mariée d'abord à Henri de Chatonoy, et, en secondes noces, le 7 octobre 1467, à Jean de Valériis. Elle vivait encore en 1474 ;

4° Catherine, morte avant 1465.

Jean de l'Estang de Parade mourut en juin 1456. L'abbé Bonnemant donne son testament. Il est daté du 3 décembre 1455, notaire Bernard Pangoin.

VII. Guillaume de l'Estang de Parade, troisième du nom, épousa, en 1445, Antoinette ou Garcenette Fulci, de Vauvert, près de Nîmes. Celle-ci décéda avant son mari,

(1) L'abbé Bonnemant donne une autre origine à la réunion des deux noms : de l'Estang de Parade, et prétend que Guillaume, le père de Jean, avait épousé Marguerite de l'Estang, et que c'est lui qui, le premier, a réuni les deux noms, mais, contrairement à ses habitudes, il ne donne ni le texte, ni la date du contrat de mariage de Guillaume et de Marguerite. Bien plus, il cite plusieurs actes passés par Guillaume, en 1399 et 1402 par exemple, et signés par celui-ci du nom seul de Guillelmus de Stagno.

en septembre 1487, et fut inhumée dans la sépulture de la famille de l'Estang, aux Cordeliers d'Arles.

Ils eurent quatre fils et une fille, savoir :

1° Gilles, qui mourut en bas âge ;

2° Honoré, qui suit ;

3° Jean, marié avec Honorade de Porcelet de Maillane (1), fille d'André, seigneur de Maillane, et de Matheline de Guignonès, veuve de François de Tropin (V. abbé Bonnemant).

Ils eurent un fils qui fut chevalier de Rhodes, en 1510 ; puis commandeur de Bourdeilles en Languedoc, et mourut en 1546, et une fille, Honorée de l'Estang de Parade, née en 1495. Elle fut mariée, le 21 août 1526, à Jean d'Hérail, seigneur de Brisis, de la famille des seigneurs de Crussolles, de la province du Languedoc. J. de Lestang et l'abbé Bonnemant estropient ce nom, qui est rétabli dans le recueil du marquis d'Aubrais (t. III, p. 180).

Jean de l'Estang de Parade fut d'abord lieutenant de Philibert de Stainville, viguier de la ville d'Arles en 1494, puis consul le 25 mars 1495. Il mourut le 11 décembre 1501. Sa femme, Honorade de Porcelet, était décédée le 30 juillet 1499.

4° Le quatrième fils fut Guillaume, chanoine, puis archidiacre de Saint-Trophime d'Arles. Dans sa jeunesse il avait, en compagnie de jeunes gens de son âge, maltraité dans une rixe un individu qui en mourut (V. l'historiette dans l'abbé Bonnemant). Il obtint, en 1485, du pape Innocent VIII, une bulle par laquelle il fut absous des censures qu'il

(1) Maillane est un joli village de Provence, situé entre Saint-Remi et Graveson, près de l'abbaye de Frigolet. C'était un marquisat appartenant aux Porcelets, cette illustre famille dont un membre échappa seul aux massacres des Vêpres siciliennes. On connaît la tradition qui la concerne et d'après laquelle elle aurait pris son nom. Une princesse d'Arles, issue de Bozon, se promenait un jour. Elle était dans un état intéressant. Elle fut rencontrée par une vieille Arlésienne qui conduisait une truie et onze petits pourceaux et qui demanda l'aumône à la princesse. Celle-ci passa outre sans répondre à sa demande. La vieille, exaspérée, lui cria : « Je te souhaite autant d'enfants qu'en a ma truie. » La princesse eut onze héritiers et ils prirent le nom de Porcelets.

avait encourues (1). Mais, sans doute en expiation de cette faute, il entreprit le pèlerinage de la terre sainte, qu'il exécuta en 1509 et 1510. Il mourut à Arles, le 18 juillet 1516. Il paraît avoir laissé une relation de son voyage. Cet ouvrage, dit Jacques de Lestang, serait sorti des mains de la famille avec les papiers de la succession d'Ardoin de l'Estang, ainsi qu'on le verra plus loin.

5° Le cinquième enfant fut Gassonette de l'Estang, qui fut mariée à noble Etienne Bernard, de la ville de Tarascon.

Leur père, Guillaume, 3° du nom, survécut à presque tous ses enfants, n'étant décédé que le 11 janvier 1506. Il avait fait, en 1501, un testament dont l'abbé Bonnemant donne le texte latin et d'après lequel il avait établi, entre ses enfants alors vivants, diverses substitutions. D'après une clause de ce testament, la moitié des biens de la famille de l'Estang devait, en cas de mort de l'aîné sans descendance masculine, revenir aux cadets. C'est ce qui arriva en 1611, ainsi qu'on le verra plus tard, lors de la mort d'Esprit de l'Estang de Parade, fils d'Ardoin. Cette clause donna lieu à un procès qui dura trente ans, et qui fit perdre à la famille presque tous les titres et documents qui la concernaient (2).

---

(1) Cette bulle, dit l'abbé Bonnemant, est en original dans les papiers de M. de l'Etang et j'en ai tiré une copie.

(2) Extrait du livre de M. Ch. de Ribbe, intitulé : *les Familles et la Société en France avant la Révolution*, (t. II, p. 212 et suiv.) : « La Provence se glorifiait d'être un pays de liberté testamentaire.

« La liberté testamentaire est commune à tous ; elle n'est pas le privilège d'une classe... elle est le droit commun et, dès lors, les familles les plus obscures, comme les plus éminentes, s'établirent selon leurs besoins, leurs traditions et leurs inspirations.

« L'héritier, le soutien de la maison, est le conservateur du foyer.

« Une légitime est établie au profit des enfants ; mais au lieu de conférer un droit de revendication et de liquidation de l'héritage, elle est regardée comme constituant au fond une simple dette d'aliments. Elle est fixée conformément aux dispositions de la novelle 118 : un tiers des biens, s'il y a quatre enfants ou un nombre moindre ; la moitié, s'il y en a cinq ou un plus grand nombre. Les familles s'élevant le plus habituellement à ce dernier chiffre, il s'ensuit que, d'ordinaire, le père dispose librement de la moitié de son bien.

« Le père établit en souverain le règlement de la succession. Il pourvoit

Jacques de l'Estang donne l'épitaphe très louangeuse de ce Guillaume de l'Estang. Il y est indiqué comme ayant vécu cent ans. Ce fait reposait, en partie, sur une généalogie manuscrite de la famille, dressée en 1580 par Ardoin de l'Estang. Mais, dit l'abbé Bonnemant, si son père, Jean de l'Estang, se maria en 1422, comme on ne peut le révoquer en doute, Guillaume, son fils, ne pouvait être âgé de cent ans lorsqu'il mourut en 1506. Estimons que l'épitaphe a voulu dire presque cent ans et le flatter ainsi même de sa vieillesse. Il fut enterré dans l'église de Saint-Trophime d'Arles.

VIII. Honoré de l'Estang de Parade, premier du nom, devenu l'aîné de la famille par le décès de son frère Gilles, se maria, le 2 janvier 1475, à Thérèse de Bohan, d'Avignon. Il mourut le 22 mai 1483, et sa femme, le 18 décembre 1490. Ils eurent trois enfants :

1° Boniface, qui suit ;

2° Jean, qui fut docteur en droit et chanoine de l'Eglise de Saint-Trophime d'Arles. Mais il se démit de son canonicat et quitta l'Eglise en 1516. Il mourut en mars 1544 ;

3° Louise, qui se maria, le 28 avril 1521, avec Jean Meiran, docteur en droit, et mourut sans postérité vers 1544.

IX. Boniface de l'Estang de Parade, l'aîné des fils d'Honoré, fut capitaine de la ville d'Arles en 1502, puis consul en 1508 et 1526.

Il épousa, par contrat du 14 décembre 1517, Antoinette

---

aux légitimes en donnant presque toujours de l'argent. Les tribunaux de l'époque n'admettent pas qu'on puisse discuter les assignations de lots.

« Souvent le père rend le foyer inaliénable.

« La Provence était régie par les lois romaines. Sans entrer dans les raisons qu'on peut alléguer pour ou contre ces lois, je me contenterai d'observer un fait comme chose reconnue, c'est que dans toutes les provinces soumises à cette législation, il régnait dans les familles et entre frères et sœurs la plus tendre union. »

de la Tour, fille d'Honoré-René de la Tour, seigneur de Romoules et d'Honorée de Brignole. Elle reçut en dot 15000 florins d'or et mourut, à Arles, en novembre 1520. Boniface décéda, à son tour, à Saint-Vincent, près Valence, le 13 février 1532, et ne laissa qu'un fils qui fut :

X. Honoré de l'Estang de Parade, deuxième du nom.

Celui-ci, comme ses successeurs immédiats, eut à supporter les terribles épreuves qui affligèrent alors la France et la Provence en particulier. Guerre religieuse, guerre civile, guerre étrangère, tous les désordres de ces temps calamiteux les trouvèrent toujours du parti de ce que l'on a appelé les Politiques ou les Royaux, c'est-à-dire les soutiens du parti central et protecteur sans lequel la France, sous Charles IX, Henri III, Henri IV et même Louis XIII eût été morcelée par l'Espagnol au Nord et au Sud, et par le Piémontais au Sud-Est. Aussi l'on verra plus loin que lorsque Louis XIV rétablit, dans toute sa plénitude, le pouvoir central et royal, lorsqu'il eut écrasé dans les murs de Marseille les derniers restes de la rébellion en Provence, son premier soin fut, en pourvoyant lui-même à la nomination des consuls des villes du Midi, de nommer un de l'Estang de Parade consul de la ville d'Arles.

Honoré était consul d'Arles en 1547 lorsqu'il fut député par ses concitoyens auprès du roi Henri II pour prêter serment au nom des Arlésiens. Ensuite il fut nommé viguier de la ville d'Arles, par lettres patentes de Charles IX du 6 décembre 1564, pour l'année 1565. Il le fut aussi pour les années 1566 et 1567. (Voir, pour toutes les charges remplies par les membres de la famille dans la ville d'Arles, Anibert, Noble de la Laurière et les listes manuscrites déposées à la bibliothèque d'Arles.)

J'ai déjà indiqué plus haut ce qu'était le podestat dans les villes du Midi. Cette charge avait pris fin. Il nous faut maintenant expliquer quelles étaient les attributions des nouvelles charges municipales que nous avons déjà vues et que nous allons voir apparaître, telles que celles de viguier, consul, capitaine de la ville, etc., etc.

Le viguier était le représentant du comte ou du roi, du souverain en un mot. C'était, dans la ville, le chef du pouvoir exécutif. Il présidait le conseil de la cité. C'était la plus grande autorité de la ville. Mais nous verrons plus tard que c'était une charge vénale. Elle était conférée par le roi, mais on pouvait la céder à prix d'argent, comme beaucoup d'autres charges de cette époque.

Les consuls, autrefois syndics, étaient les premiers conseillers du viguier. Ils étaient ordinairement au nombre de deux ou de quatre, choisis par leurs concitoyens, moitié parmi les gentilshommes, moitié parmi les bourgeois. C'est ainsi que Jacques de Lestang désigne toujours ses ancêtres, nommés consuls, par ces mots : consuls pour gentilshommes (1).

Le capitaine de la ville était le chef de a milice et de la police, sous les ordres des consuls et du viguier. Ses fonctions s'expliquent d'elles-mêmes.

Il y avait quelques autres charges, telles que trésorier, capitaine du guet, etc., etc., mais elles étaient d'une importance secondaire.

Honoré de l'Estang recueillit les héritages de tous ses prédécesseurs et de tous ses oncles. C'était un homme instruit et qui composa, dit J. de Lestang, un livre : « Des anciennetés de la ville d'Arles et de l'ancienneté de la noblesse des gentilshommes de ladite ville ». Ce fut l'il-

(1) Extrait des *Mémoires de Saint-Simon* (t. VIII, p. 427. Ed. Chéruel) : « A l'égard du terme de *gentilhomme*, il ne doit pas être entendu de simples gentilshommes, comme il s'entend communément aujourd'hui. Alors n'était pas marquis, comte, baron qui voulait, et gentilhomme signifiait alors des seigneurs aussi qualifiés, et souvent plus en grandes charges que les marquis, comtes et souvent leurs frères, oncles, neveux et enfants. Cet usage ancien d'appeler de tels seigneurs du nom de gentilshommes est encore demeuré dans l'ordre du Saint-Esprit, où on nomme de ce nom tous les chevaliers non princes, ni ducs ; et on dit : marcher ou seoir, ou être reçu parmi les gentilshommes, ce qui est un reste du style d'autrefois. »

lustre de la famille par ses richesses, son instruction, ses charges municipales, ses relations à la cour, sous Henri II, près duquel il fut député et de Charles IX, ainsi que de Henri III dont l'un de ses fils fut aumônier. C'est sous ces divers consultats que l'on construisit à Arles plusieurs monuments d'utilité publique, notamment la tour de l'Horloge, l'un des plus beaux monuments de la ville et qui existe encore.

Honoré fut encore premier consul d'Arles en 1575, et il mourut au mois d'octobre 1578. Il y fut inhumé dans l'église des Cordeliers, sépulture de sa famille.

Il avait épousé, le 11 décembre 1536, Pierrette de Martins, fille de Jean, cadet de Puylobier, et de Françoise de Grille. Elle était sœur d'Honoré de Martins, baron des Baux et sénéchal de Beaucaire et de Nîmes. C'était un homme de guerre bien vu à la cour et qui y introduisit et y protégea ses neveux. Il est surtout connu sous le nom de Capitaine de Grille, du nom de sa mère. J. de Lestang prétend qu'il fut chevalier de l'Ordre (c'est-à-dire chevalier du Saint-Esprit), mais il ne figure pas dans les listes données par le P. Anselme et de plus il était huguenot, d'après ce qu'en dit Brantôme (V. *Histoire des grands capitaines*, t. Ier, p. 594, édit. du Panthéon littéraire).

L'abbé Pithon-Curt, dans son *Histoire de la noblesse du comtat Venaissin* (t. II, p. 453), prétend qu'il était chevalier de l'ordre de Saint-Michel. C'est ce que je n'ai pu vérifier, car il n'existe aucune liste générale des membres de cet ordre.

Honoré eut quatre fils et deux filles :

1° Ardoin, l'aîné et par conséquent le chef de la famille de l'Estang de Parade, naquit le 11 mars 1539. Il épousa, en 1570, Anne d'Eyguières de Méjanes, fille aînée de Nicolas d'Eyguières et de Philise de Balbi, autrement des Baux. C'est à un membre de cette famille de Méjanes que la bibliothèque de la ville d'Aix doit son origine. Aussi en porte-t-elle le nom.

Ardoin était à Paris en septembre 1567, lors de la seconde prise d'armes des huguenots et de l'investissement de la ville par leurs troupes commandées par Condé et Châtillon. Il y avait accompagné le roi Charles IX, chassé de Meaux par les réformés. Le connétable de Montmorency, dont il avait été page, et qui devait bientôt être tué à la bataille de Saint-Denis, commandait l'armée royale. Ardoin mérita sans doute par ses services d'être l'objet des faveurs du roi, qui le nomma, par lettres patentes du 20 novembre 1567, viguier d'Arles, pour trois années, en remplacement de son père. Le gouvernement jugeait sans doute indispensable de bien établir partout, dans ces temps troublés, l'autorité centrale. Aussi n'hésita-t-il pas à continuer de conférer directement à un de ses partisans résolus cette charge municipale. Peut-être aussi y trouvait-il un moyen de payer des dettes d'argent ou des services rendus, car on verra plus tard Ardoin se défaire de cette charge à prix d'argent.

En 1572, lors de la Saint-Barthélemy, Ardoin était revenu en Provence. Il s'associa aux efforts faits par le comte de Tende, alors gouverneur de Provence, pour empêcher de se reproduire, dans son gouvernement, les massacres qui avaient ensanglanté Paris et d'autres grandes villes du royaume.

Ardoin était d'ailleurs un lettré. Il acheva, en 1580, le livre commencé par son père Honoré, sur les antiquités et noblesse d'Arles. Ce livre aurait figuré, dit J. de Lestang, dans la bibliothèque de Peiresc. Mais je n'en ai trouvé trace ni à Arles ni dans la bibliothèque de Méjanes, à Aix, qui cependant contient, dit-on, une partie des collections de Peiresc. J. de Lestang suppose qu'il se trouvait dans la portion de cette bibliothèque qui a été vendue à Paris par l'un des héritiers de Peiresc, le marquis de Rians.

Ardoin vendit sa charge de viguier pour pouvoir être nommé, en 1586, consul d'Arles. En cette qualité, il fut plusieurs fois envoyé, comme député, à la cour. Il avait signé la confédération conclue, le 10 avril 1579, entre la noblesse et la bourgeoisie de la ville d'Arles pour se défendre contre les protestants (V. *Histoire générale de Provence*, par l'abbé Papon. Paris, 1786, t. IV, p. 224 et suiv.). Ce n'était pas une affiliation à la Ligue, qui existait déjà depuis deux ou trois ans, mais une mesure de défense contre les excès que pouvaient faire craindre les progrès faits en Provence par les protestants commandés par Lesdiguières.

Ardoin de l'Estang de Parade mourut le 5 février 1592 après avoir fait un testament (relaté en entier par l'abbé Bonnemant) dans lequel il institue pour héritier son fils, Esprit de l'Estang. Mais il prévoit le cas où celui-ci décéderait sans enfants.

C'est ce qui arriva en effet. De son mariage avec Anne d'Eyguières, Ardoin avait eu un fils et deux filles.

Le fils, Esprit de l'Estang de Parade, comme l'appelle Jacques de Lestang, avait survécu à son père. Il lui laissait un héritage considérable, beaucoup accru par sa bonne administration.

Esprit de l'Estang, qui se destinait au Parlement de Provence, était venu à Aix étudier le droit. Il était fiancé à Mlle Claire d'Escalis de Bras d'Ansouïs, fille du premier président du Parlement. Le 30 avril 1611, il se trouvait sur la place des Prêcheurs, où l'on allait brûler vif, comme sorcier, Louis Gauffridi, ce prêtre de Marseille, condamné comme magicien (1) pour avoir suborné et ensorcelé, disait-on, Madeleine Mandols de la Palud, d'une des bonnes familles de Provence, qui était entrée au couvent des Ursulines. C'était une fille d'une rare beauté, d'un caractère exalté et qui était en proie à une grave maladie hystérique. Mais à cette époque, ces symptômes maladifs n'étaient pas étudiés, pas connus, et on en attribuait les

---

(1) Peiresc, le savant Peiresc, alors conseiller au Parlement, croyant aux sorciers comme tous ses contemporains, vota pour la condamnation de Gauffridi. Il paraît s'en être repenti plus tard. (V. sa Vie par Gassendi.)

résultats, aujourd'hui encore si souvent extraordinaires, aux efforts des magiciens. Gauffridi était au moins coupable d'une séduction criminelle. Quoi qu'il en soit, Esprit de l'Estang, se trouvant ce jour-là sur la place, y fut assassiné par le chevalier de Montauroux. On ne put arrêter l'assassin qui blessa même, disent les Causes célèbres, une jeune personne en se sauvant. Serait-ce la jeune Claire d'Ansouïs ? On serait peut-être alors sur la trace d'un drame de la jalousie. Mais je n'ai trouvé aucune explication à ce sujet dans les mémoires de l'abbé Bonnemant, ni dans les traditions de la famille.

Par la mort d'Esprit de l'Estang de Parade, fils d'Ardoin, s'éteignit la ligne directe de la famille.

Ses deux sœurs avaient été mariées, l'aînée, Pierrette de l'Estang, à Louis de Cays ; la seconde, Magdeleine, à Valentin de Grille, le 4 octobre 1592. Ces deux sœurs, cohéritières d'Esprit de l'Estang de Parade, leur frère, portèrent dans les familles de Cays et de Grille tous les biens de la famille de l'Estang. C'est contre ce transport que s'éleva, entre elles et la branche puînée de la famille, représentée par Honoré de l'Estang de Parade, troisième du nom, et en vertu de la substitution établie par le testament de Guillaume, en 1501, ce procès qui dura près de trente ans et ne fut terminé, par une transaction, qu'en 1633.

2° Le second fils d'Honoré, deuxième du nom, fut Louis, mort en bas âge, en novembre 1544. Les autres furent :

3° Gaucher, chevalier de Rhodes, en 1514, et qui, après la prise de Rhodes par Soliman, en 1522, se retira à Malte avec les autres chevaliers et y mourut en 1558, avant son père ;

4° Jean Honorat, mort en bas âge ;

5° Le cinquième fils fut Honoré, troisième du nom. Il devint le chef de la famille par la mort de tous ses frères aînés et par celle d'Esprit de l'Estang, décédé sans laisser de descendance masculine. Nous en parlerons plus loin ;

6° Jean, qui servait dans l'armée royale contre les

huguenots lors du testament de son père fait le 16 juin 1569, rapporte l'abbé Bonnemant. Il mourut à Arles au mois de novembre de la même année, et fut enseveli dans le tombeau de la famille aux Cordeliers.

7° Le septième fils fut Louis, chanoine de Saint-Trophime d'Arles, abbé de Fontaine-Jean, de l'ordre de Citeaux, près Montargis, en 1583, et aumônier des rois Henri III et Henri IV. C'était, dit J. de Lestang, un homme de bonne mine, d'instruction étendue et variée. C'était aussi un homme de cour accompli. Il avait fait plusieurs voyages en Italie et en avait rapporté cette urbanité si prisée alors à la cour papale et dans les autres cours italiennes et presque inconnue en France. Il était surtout en faveur auprès de la reine mère, Catherine de Médicis, dont il devait bien parler la langue, devenue d'un usage presque général à la cour (1). Il l'était aussi auprès de Henri III. Le roi et sa mère voulaient lui faire conférer l'Archevêché d'Arles, alors occupé par le cardinal de Sainte-Croix, gentilhomme romain, qui résidait toujours à Rome. L'abbé Bonnemant dit avoir lu et pris copie des lettres que le roi et la reine mère avaient écrites dans ce but, tant à M. d'Abain, seigneur de la Rocheposay, leur ambassadeur à Rome, qu'au cardinal d'Este, protecteur des affaires de France à la cour papale (2) (ce car-

---

(1) On prêcha souvent devant la cour en italien, et la *Satire Ménippée* contient plusieurs discours plus ou moins italianisés.

(2) J'ai inutilement cherché ces lettres aux archives des Affaires étrangères qui ont gardé une partie de la correspondance du roi et de la reine mère avec l'ambassadeur. Cette correspondance est assez intéressante. Elle prouve surtout la pénurie constante du trésor royal, car il est très souvent question de prêts sur gages, consistant en pierres précieuses dont on donne la description. On y voit un débat très singulier entre le capitaine de Grille dont il a été question plus haut (p. 29) et l'archevêque d'Arles, le cardinal de Sainte-Croix, sur les bénéfices duquel le roi avait assigné une pension au capitaine en récompense de ses services. Faute de payement, le capitaine de Grille avait fait saisir les revenus de l'archevêque, qui réclamait auprès du roi. Henri III donnait de bonnes paroles, écrivait au capitaine de Grille, mais celui-ci ne voulait rien entendre et ne consentait à se désister que contre un autre gage. Cette correspondance est fort curieuse.

dinal était fils de la célèbre Lucrèce Borgia, femme d'Alphonse, premier duc de Ferrare). Mais le cardinal de Sainte-Croix refusa et ne voulut se démettre qu'en faveur d'un autre gentilhomme romain, Horace Montane. Il ne faut pas oublier que la Provence était alors pays d'obédience, c'est-à-dire que le Concordat de François Ier n'y était pas appliqué et que les bénéfices vacants étaient à la nomination de la cour de Rome. De là l'intérêt de la cour de France à faire nommer à Arles, par le Pape lui-même, un prélat français et la résistance que ce projet rencontra de la part de la Cour romaine.

Louis de Parade n'en reçut pas moins, de ses protecteurs royaux, des bienfaits multipliés. Il était présent lors de la mort de Henri III à Saint-Cloud, le 2 août 1589, après son assassinat par Jacques Clément. Son nom figure sur la minute originale du procès-verbal dressé à la mort du roi, laquelle est déposée à la Bibliothèque nationale (V. Manuscrits, fonds français, n° 10196). Sa déposition, d'une jolie écriture italienne, se distingue, par sa netteté et son orthographe, au milieu de celles des seigneurs, ministres, capitaines, etc., qui ont signé avec lui (V. annexe n° 1), tels que le grand prieur de France (le duc d'Angoulême, fils de Charles IX), Biron, d'Epernon, de Bellegarde, etc. ; son nom apparaît sous cette forme : Loys de Parades. A cette époque, en effet, le nom de Louis s'écrivait encore ainsi. Ce ne fut que vers la fin du règne de Henri IV qu'il prit cette dernière forme : Louis XIII est le premier de nos rois qui l'ait employée (V. le Journal d'Hérouard, médecin de Louis XIII. Paris, 1868, t. 1er, p. 214). Il y a aussi sur ce sujet une historiette de Tallemant des Réaux : « Le Roi (Henri IV) lui montra
« (à Malherbe) la première lettre que M. le Dauphin,
« depuis Louis XIII, lui avait écrite, et ayant remarqué
« qu'il avait signé : Loys, sur ce, il demanda au Roi si
« M. le Dauphin avait nom : Loys. Le Roi demanda
« pourquoi. — Parce qu'il signe Loys et non : Louis. On

« envoya querir celui qui montrait à écrire à ce jeune
« prince pour lui faire voir sa faute, et Malherbe disait
« qu'il était cause que M. le Dauphin avait nom : Louis. »
(Tallemant des Réaux. — Edit. Paulin, Paris, t. Ier;
p. 277.)

Il existe aux Archives générales (V. Monuments historiques, K. 1722, pièce 214) une seconde signature autographe de l'abbé de Parade. Elle est apposée au bas d'un reçu sur parchemin, d'une somme de cent écus sol (c'est-à-dire au soleil) à lui allouée pour avoir fait, pour le service du roi, un voyage de Provence à Blois. Le payement avait été ordonnancé dès 1576, mais le reçu constatant le parfait payement, n'est daté que du 5 juillet 1585. On voit combien, même pour le service du roi et pour les personnes qui jouissaient de la faveur royale, il était alors difficile de se faire payer par le Trésor toujours à court d'argent. Le reçu est signé : L. de Parades, avec une s. C'est une preuve de plus du peu de fixité des noms à cette époque. Mais la signature est bien de cette jolie écriture dont l'abbé avait sans doute pris l'habitude pendant ses longs séjours en Italie. La forme des lettres est tout à fait la même et ne laisse aucun doute sur l'authenticité des deux signatures. Dans cet écrit, libellé tout entier d'une autre main que la sienne, l'abbé est qualifié ainsi : Loïs de Parades, conseiller et aumônier du Roi.

L'abbaye de Fontaine-Jean, dont il avait été gratifié en 1583 (V. *Gallia Christiana*) lui valait alors 4,000 livres, soit près de 20000 francs, valeur actuelle.

Louis de l'Estang de Parade mourut empoisonné, dit J. de Lestang, par ses ennemis, au moyen d'un bouquet empreint de substances vénéneuses. Il se trouvait alors à la suite de Henri IV, dont il était redevenu aumônier, lorsque celui-ci reconstitua la Chapelle royale après sa conversion, mais ce ne put être près du roi à Saint-Jean d'Angely, comme le dit J. de Lestang, car Henri IV ne se rendit pas dans cette ville à cette époque, 1591 (V. l'Itinéraire des rois de France, dans le recueil du marquis d'Aubrais, t. Ier). Qu'il eût des ennemis, c'est chose possible. Mais qu'ils l'aient empoisonné, et cela au moyen d'un bouquet, je crois pouvoir en douter, malgré l'affirmation de J. de Lestang et de l'abbé Bonnemant. Toutefois j'ai cru devoir relater cette tradition qui caractérise bien l'époque troublée où l'on se trouvait encore en 1591.

Parmi ses prédécesseurs presque immédiats dans l'abbaye de Fontaine-Jean, se trouvait un abbé qui a laissé une singulière renommée. C'est cet Odet de Coligny, cardinal de Châtillon, qui était mort en 1571. Après être entré dans les ordres, être devenu prieur et abbé de divers monastères, cardinal en 1533, puis successivement archevêque de Toulouse, en 1534, et évêque de Beauvais en 1535, il se fit calviniste en 1562, se maria, en 1564, à Elisabeth de Hauteville, combattit en 1567, avec les protestants à la bataille de Saint-Denis, où fut tué le connétable de Montmorency, et s'enfuit en Angleterre pour échapper à un mandat d'arrestation lancé contre lui par le Parlement de Paris. Réfugié à Londres, il y fut, lui aussi, empoisonné, dit-on, par un de ses valets de chambre. Dans l'imagination des hommes de l'époque, tout homme un peu marquant ne pouvait finir d'une manière naturelle.

8° L'aînée des filles, Honorée ou Honorade de l'Estang, fut mariée à Jean de Boche.

9° La seconde, Louise, épousa Estienne de Chiavari, dont est sortie Charlotte de Chiavari, mariée à Jean de Meyran d'Ubaye, seigneur d'Espins. Cette famille de Chiavari, descendait de Chiavari, noble génois, qui, chassé de sa patrie par la faction espagnole, était venu s'établir à Arles en 1491. Elle avait donné à Gênes deux doges, des généraux, des ambassadeurs, etc., etc. Nous verrons plus tard une autre alliance de la famille de l'Estang avec celle de Chiavari.

L'abbé Bonnemant nous a conservé les termes du

testament d'Ardoin de l'Estang-Parade, en date du 4 janvier 1592, notaire Jean Gilles, par lequel il fixe le lieu de sa sépulture dans l'église des Cordeliers, et fait plusieurs legs à ses enfants. Il attribue entre autres, à son fils, Esprit de l'Estang « ses deux chaînes, savoir : une de
« perles, et l'autre d'agathe, et, au cas où le dit Esprit
« meure sans enfants, lui substitue Robert de l'Estang,
« son neveu, fils d'Honoré... etc., » confirmant ainsi l'ancienne substitution établie par son aïeul Guillaume, en 1501 (V. p. 23). Le 9 du même mois et chez le même notaire, il fait un codicille par lequel il ordonne :
« que les papiers et libres (sic) faits pour raison de l'an-
« cien estat de la ville d'Arles, qui a été escrit, depuis
« saint Trophime, évesque d'icelle, jusqu'à l'an six cent,
« tant par son feu frère que luy, estre remis entre les
« mains et pouvoir d'Honoré de l'Estang, escuyer, son
« frère, pour les bailler et rendre à Monsieur Loys de
« l'Estang, son autre frère, abbé de Fontaine-Jean, aux
« fins d'iceux libres et ancien estat estre imprimés, s'ils
« sont trouvés dignes. » On voit ainsi que l'abbé Loys de l'Estang, dont nous venons de parler, paraissait le plus capable d'apprécier la valeur de ces manuscrits.

L'abbé Bonnemant ajoute : « J'ai un fragment des ma-
« nuscrits, dont il est parlé dans ce codicille, dans le
« 2e volume des *Actes anciens et modernes* concernant
« *l'archevêché d'Arles.* » Ces documents et ces objets sont donc restés longtemps en possession de la famille. Il serait intéressant d'en retrouver aujourd'hui les traces.

Nous revenons maintenant à Honoré de l'Estang de Parade, fils puîné. devenu le chef de la famille.

XI. Honoré de l'Estang de Parade, 3e du nom, devenu le chef de la famille par la mort de ses frères aînés et par celle de son neveu Esprit de l'Estang en 1611, eut d'abord, dit J. de Lestang, « l'honneur d'être nourri page
« au roi Charles IX. En ce temps-là il fallait faire preuve

« de noblesse et de chevalerie comme pour estre chevalier
« de Malte, car c'estait l'an 1563, il y a cent moins cinq
« ans. C'était un très gentil cavalier. »

Il ne dut pas rester longtemps à la cour, car nous voyons qu'il se maria en Provence en 1567.

La Provence était alors livrée à toutes les horreurs de la guerre civile et religieuse. Des révoltés, commandés par Cazaux tenaient plusieurs places, et notamment Marseille, pour les Espagnols. Le comte de Carces gardait, au nom de la Ligue, Aix et d'autres villes. Le duc de Savoie et la comtesse de Saux avaient en leur pouvoir Berre et d'autres lieux. Le duc d'Epernon venait, de son côté, disputer, au nom du roi, le pouvoir au duc de Guise qui en avait été un moment chargé et ne voulait pas s'en dessaisir. D'Epernon avait commencé par chercher à effrayer la Provence par le sac de la ville de Montauron. « De là, dit son
« historien Girard (t. II, p. 27 et suiv.), il fit résolu-
« tion d'attaquer la ville d'Arles. C'est une des villes de
« Provence aussi considérable, située sur le bord du
« Rhône, et habitée par plus de trois cents familles de gen-
« tilshommes qui y font leur demeure ordinaire, outre un
« fort grand nombre de peuple. » Le duc bloqua la ville, la priva des communications avec le plat pays et la força à se soumettre. « Il fallut venir à un traité, dit Girard,
« pour l'entretement duquel le duc se contenta de trente
« otages. »

Honoré de l'Estang de Parade fut de ceux qui allèrent traiter avec le duc, le 15 mai 1593.

Henri IV, qui n'abjura qu'en juillet, n'avait pas encore été reconnu roi dans toute la France. Les forts qui tenaient la ville d'Arles en respect avaient été occupés par des ligueurs acharnés, et la ville redoutait à la fois les éventualités d'un siège et la perte de ses privilèges. Les députés réussirent à sauvegarder ces divers intérêts et à remettre la ville et les forts sous l'autorité royale. Mais les désordres continuèrent dans la campagne.

C'est ainsi qu'au mois de septembre de cette même année 1593, la tour de Parade, étant encore occupée par des ligueurs, fut prise d'assaut par les troupes du duc d'Epernon (V. Noble de la Lauzière, p. 410).

Honoré fut consul d'Arles en 1602. Il avait épousé, par contrat du 9 février 1567, Catherine de Renouard, fille unique et héritière de son père Antoine de Renouard, docteur en droit et juge royal à Arles. Elle était aussi héritière, mais seulement en partie, de sa mère, née marquise des Alberts. Celle-ci était veuve et avait eu, de son premier mari, une fille mariée dans la famille d'Antonelle.

Ce fut Honoré qui, en vertu des substitutions édictées par son aïeul, commença le procès dont il a été question plus haut, contre son neveu, Esprit de l'Estang, héritier de la branche aînée de la famille. Il mourut en 1609.

Honoré et Catherine de Renouard eurent quatre fils et cinq filles :

1° Robert, qui suit ;

2°, 3° et 4° Honoré, Pierre et Charles de l'Estang de Parade, morts dans un âge plus ou moins avancé sans avoir été mariés. Pierre fut capitaine du guet ou sous-clavaire de la ville d'Arles en 1621.

5° Françoise, décédée sans avoir été mariée.

6° Honorée de l'Estang. Celle-ci entra au monastère de Sainte-Claire à Arles à la suite de la rupture d'un projet de mariage entre elle et l'aîné de la famille d'Eyguières de Méjanes, lequel, de son côté, prit aussi, en 1591, l'habit religieux. Il mourut en 1597. Nous n'avons pu trouver l'explication de ce petit drame de famille ni dans J. de Lestang ni dans l'abbé Bonnemant qui en parlent tous les deux. L'abbé Bonnemant raconte le fait en ces termes : « Honorée « était belle et bienfaisante. Un dépit amoureux lui avait « fait embrasser l'état religieux. Elle s'en dégoûta bientôt, « mais ce ne fut qu'après avoir prononcé ses vœux. Elle « eut alors des accès de fureur. Enfin, en 1600, en vertu

« d'une bulle donnée par le vice-légat d'Avignon, on la
« renvoya dans la maison paternelle. »

7° Anne de l'Estang épousa, le 24 février 1598, Pierre de Sabatier. Son testament, comme beaucoup d'autres actes de notaires se rapportant à la famille, est déposé à la bibliothèque d'Arles.

8° Catherine, qui fut mariée, le 9 août 1611, à Jean de Gastinel.

9° Enfin Jeanne, qui épousa, le 25 avril 1607, Louis de Sabatier, veuf en premières noces de Renée d'Eyguières, sœur d'Anne d'Eyguières, femme d'Ardoin de l'Estang, comme nous l'avons vu plus haut.

XII. ROBERT DE L'ESTANG DE PARADE, fils aîné d'Honoré, fut capitaine de la ville d'Arles en 1614. Il avait épousé, le 21 juillet 1608, Jeanne de Porcelet de Maillane, fille de Pierre de Porcelet de Maillane, conseiller du roi et lieutenant civil et criminel au siège d'Arles. (V. Jacques de Lestang, l'abbé Bonnemant et les Preuves de noblesse de Chérin; Bibl. nationale, Manuscrits.)

Jeanne de Porcelet était veuve de Gaspard de Chasteauneuf, seigneur de Moulèges. Elle resta bientôt veuve aussi de Robert de l'Estang de Parade, qui mourut dès l'âge de trente-trois ans. Celui-ci avait continué le procès entamé par son père. La mort d'Esprit de l'Estang, survenue en 1611, lui avait conféré de nouveaux droits. Sa veuve, âgée seulement de vingt-six ans, continua le procès que lui laissait son mari en mourant, mais elle se consacra surtout à l'éducation de ses enfants qui étaient au nombre de quatre :

1° Louis, qui mourut en bas âge ;

2° et 3° Louise et Catherine, qui entrèrent en religion, la première aux Carmélites de Lyon, la seconde au monastère de Sainte-Catherine, d'Avignon ;

4° Et enfin Jacques, dont il est question ci-après.

XIII. JACQUES DE L'ESTANG DE PARADE n'avait que dix-

huit mois à la mort de son père. Il était né le 3 août 1614. Il fut donc entièrement élevé par sa mère, de la beauté et du caractère de laquelle il a laissé un touchant portrait. Je ne puis résister au plaisir de citer ici ce qu'il en dit à la page 60 de son opuscule de 1655. « Jeanne de Porcelet fut
« donc veuve à l'âge de vingt-six ans sans s'être jamais voulu
« remarier, ayant passé son veuvage avec autant de vertu
« et d'honneur qu'elle avait de beauté et de naissance, et
« ayant glorieusement résisté à toute sorte de recherche
« de mariage pour le bien et advantage de la maison de
« ses enfants ; aussi elle a employé le reste de sa jeunesse
« et toute sa vie aux affaires de la maison de Lestang,
« qui lui est redevable, après Dieu, de son rétablissement. »
Le fils d'une telle mère ne pouvait être qu'un honnête homme et un bon père de famille, et il le fut en effet.

Elle ne mourut que le 27 avril 1672, âgée de 85 ans. Elle avait continué le procès soutenu par son mari, mais c'est son fils, Jacques de Lestang, qui le termina, en 1633, par une transaction avantageuse, ainsi qu'il la qualifie, et en vertu de laquelle il récupéra la moitié environ de la terre de Parade, restée depuis lors dans la famille. C'est à lui que nous devons le curieux opuscule de 1655 qui nous a, en grande partie, guidé jusqu'ici. Il a, en outre, composé des mémoires généalogiques et historiques, de 1643 à 1674, lesquels sont déposés en manuscrit à la bibliothèque d'Arles.

Je n'ai pu en prendre connaissance, mais il est à croire, d'après ce qui m'en a été dit, que ces derniers sont plutôt *le Livre de raison* dont il parle, du reste, dans son discours de 1655, semblable à ceux que tenaient, à cette époque, beaucoup de familles, surtout dans le Midi, et dont l'usage s'est continué jusqu'à la Révolution. C'étaient des registres où le chef de la famille inscrivait, à leur date, avec plus ou moins de détails, les principaux événements survenus parmi les siens, les naissances, les morts, les mariages, les achats, les ventes de biens, les successions, les partages, etc., etc. On trouve encore, surtout dans les bibliothèques du Midi, des exemplaires de ces livres de raison, sur lesquels M. Charles de Ribbe a publié, il y a déjà quelque temps, un ouvrage fort intéressant (*les Familles et la Société avant la Révolution*).

Jacques de Lestang (c'est ainsi qu'il écrit toujours le nom) fut nommé consul d'Arles par Louis XIV, ainsi qu'il a été dit plus haut, pour les années 1645, 1652 et 1661. Il fut aussi député à la cour en 1652. La commission instituée pour la vérification des titres de noblesse de Provence le confirma dans sa noblesse par décision du 28 juin 1667 (Registres du greffe du parlement de Provence, à Aix).

Il se maria, le 1ᵉʳ mars 1638, à Isabeau de Sade d'Eyguières, fille de Jean-Valentin de Sade, seigneur d'Eyguières, et de Françoise de Calvières de Bouqueiran. Elle avait été dotée, par son père, de 18 000 livres, ce qui équivaut à peu près à 60 000 francs d'aujourd'hui. Ce n'était pas une fortune. « Mais, ainsi que le dit M. Fr. Mas-
« son dans son récent livre : *Un grand mariage au dix-*
« *huitième siècle,* ce n'était pas non plus pour une vaine satis-
« faction d'orgueil qu'on recherchait, en Provence, les
« origines des familles..... Par le fait d'une mésalliance,
« tout le bénéfice des âges passés se trouvait supprimé,
« toute la grandeur des temps à venir était compromise.
« Désormais il fallait que les cadets et les cadettes renon-
« çassent à ces grands chapitres, Lyon, Strasbourg,
« Brioude, et tant d'autres où des preuves sévères étaient
« demandées. Il fallait que les aînés renonçassent à ces
« ordres de chevalerie qui faisaient la décoration d'une
« famille..... » Il faut ajouter que c'était aussi pour ces familles une perte pécuniaire considérable, car, en définitive, ces bénéfices, auxquels ni leurs aînés ni leurs cadets ne pouvaient plus aspirer, avaient été presque toujours constitués et dotés par leurs ancêtres et entretenus par les légitimes et les dots payées aux cadets entrés dans les

ordres. C'était donc une partie de leurs héritages que les familles abandonnaient par une mésalliance.

De l'alliance de Jacques de Lestang et d'Isabeau de Sade vinrent dix enfants, dont trois seulement survécurent :

1° Guillaume, qui suit ;

2° Pierre-Joseph, qui fut reçu chevalier de minorité de l'ordre de Malte en 1669. Il mourut à Arles, le 5 octobre 1709, sans avoir prononcé ses vœux. Il avait été institué, par son père, son héritier universel. Mais il ne laissa qu'un fils naturel qui, entré dans les ordres, s'appelait l'abbé du Port, du nom de sa mère, et fut primicier de l'église de Saint-Trophime d'Arles. (Le primicier est le premier dignitaire de l'église, celui qui préside au chœur et a soin de l'ordre des offices.)

3° Louise, mariée, le 28 juillet 1675, à Simon de Raoulx, marquis de Seillans, conseiller au Parlement de Provence du 26 juin 1668.

Jacques de Lestang de Parade fit son testament le 9 avril 1678 et mourut peu après. Sa veuve, Isabeau de Sade, lui survécut et ne mourut que le 29 novembre 1691.

Ce fut celui de tous les de Lestang qui, avec Guillaume (1423-1506) et Honoré (1445-1483), s'occupa le plus de ce qu'on appelait en Provence *l'advancement de leur maison*. Seulement Honoré, par sa magnificence, compromit quelque peu le patrimoine de la famille. Mais il lui fit contracter et il entretint avec soin des alliances et des amitiés honorables dont les malheurs du temps ne lui permirent peut-être pas de tirer tout le fruit qu'il eût pu désirer. Jacques de Lestang s'occupa surtout de reconstituer son patrimoine fortement ébréché par la part faite à la branche aînée à laquelle la sienne avait succédé lors de la mort d'Esprit de l'Estang. On voit, dans son mémoire de 1655, la joie que lui fait éprouver la reprise de possession d'une partie de la terre de Parade. La possession territoriale était alors le seul mode de propriété en usage.

C'est, en effet, et c'était surtout à cette époque, une grande préoccupation pour le père de famille de constituer solidement le foyer de la famille et de lui assurer un refuge permanent. C'est ce qui a fait depuis si longtemps la force de la société anglaise, chez laquelle les mœurs, plus fortes encore peut-être que les lois, encouragent le père de famille à conserver à l'aîné, ou à l'un de ses descendants les plus intelligents, le foyer de la famille et l'asile héréditaire. En France la Révolution, par l'action répétée de la loi de l'hérédité égalitaire, a fini par éteindre complètement cet esprit de famille. Beaucoup de bons esprits ont fait entendre des plaintes contre l'émiettement indéfini des héritages. Mais il serait superflu de se faire ici l'écho de ces plaintes (1). Exprimons cependant le regret que, généralement en France, le père de famille ne se préoccupe pas assez d'assurer l'avenir des siens. Malgré nos révolutions incessantes, il doit songer surtout, lorsqu'il a un fils qui portera son nom, à sa postérité et chercher à lui assurer une position au moins équivalente à la sienne. Si la loi d'égalité héréditaire s'oppose à ce qu'il puisse, comme autrefois, lui préparer, par des substitutions, un refuge territorial contre les tempêtes de la politique ou de la guerre, s'il ne peut plus garantir à l'aîné le foyer paternel, il doit du moins ne se tenir satisfait qu'après avoir, par une éducation aussi complète que possible, par l'entretien de ses relations de famille et de bon voisinage si utiles à un jeune homme à son entrée dans le monde, procuré à ses descendants les moyens de soutenir le rang de leur famille.

(1) On a souvent parlé d'une amélioration à apporter à l'état actuel des choses en étendant le droit testamentaire des pères de famille. On pourrait éviter ainsi, en limitant au besoin le droit à une ou deux générations, la destruction d'une grande entreprise commerciale, industrielle ou agricole. Mais nos législateurs s'occupent de politique et non d'améliorations sociales. Il est vrai que le père de famille arrive souvent au même but par l'application de la loi de Malthus, l'abstention systématique du lit conjugal ; mais c'est au grand détriment des forces de la France, dont la population diminue au lieu d'augmenter.

C'est ne pas remplir ses devoirs de père que de ne pas chercher à entretenir et même à accroître la considération, l'importance, la fortune de sa famille. C'est les négliger plus encore que de sacrifier à ses répugnances ou à ses goûts les relations de famille ou de société qui peuvent plus tard être utiles aux siens. C'est aussi méconnaître ses obligations que de ne pas prendre soin d'assurer à ses enfants la possession des titres, portraits, etc., souvenirs des âges passés. Il me paraît bon, au contraire, que l'enfant en soit entouré dès son jeune âge, il n'y apprend pas seulement l'histoire de sa famille, mais aussi celle de son pays. Il ne se sent pas isolé dans la vie et peut se créer ainsi un idéal qui le soutiendra dans les luttes de l'existence. Je n'ai pas parlé des passions ; mais un père insouciant ou frivole peut être aussi coupable que le joueur, par exemple, qui compromet la fortune des siens, ou le criminel qui ternit leur écusson. L'un d'eux, par exemple (et il avait des liens éloignés de parenté avec la famille dont je retrace ici l'histoire (1)), s'est servi des parchemins de sa famille, datant des quatorzième et quinzième siècles pour couvrir des pots de confiture ! En détruisant ainsi, pour un emploi vulgaire, ces vieux documents d'un autre âge, il fut à mes yeux aussi coupable envers les siens que le joueur ou le criminel. Mais il le fut surtout envers l'histoire, comme le sont les barbares qui incendient les bibliothèques et les musées.

En même temps que nous perdons ici le guide fourni par l'ouvrage de Jacques de Lestang, nous cessons aussi d'avoir l'appui de l'excellent travail de Noble de la Lauzière sur l'histoire d'Arles. Il s'arrête, en effet, à la mort de Louis XIV, en 1715. D'ailleurs, ainsi que le fait remarquer le P. Lelong en citant l'œuvre de J. de Lestang dans sa *Bibliothèque historique de la France*, la famille est dès

---

(1) C'était un d'Hérail de Brisis dont la famille fut alliée à celle-ci en 1526 (v. p. 17), et le fait m'a été attesté par une de ses belles-sœurs, sous les yeux de laquelle il s'est passé.

lors établie dans le Parlement d'Aix. C'est, là en effet, sauf une interruption momentanée, que nous allons la suivre. Mais nous continuons à nous appuyer sur le mémoire généalogique de l'abbé Bonnemant et sur les Preuves manuscrites de noblesse, par Chérin, lesquelles font partie des manuscrits de la Bibliothèque nationale.

XIV. GUILLAUME DE L'ESTANG DE PARADE, 4° du nom, fut d'abord avocat, puis, le 20 novembre 1663, reçu conseiller au Parlement de Provence. (Preuves manuscrites de Chérin. — *Histoire de la ville d'Aix*, par Pitton, p. 562.) C'est lui qui transporta la famille, comme le dit le P. Lelong, dans le ressort du Parlement d'Aix. C'est de ce Parlement que Tallemant des Réaux (*Histoire des Provençaux et Provençales*, t. VIII, CCLV) parle ainsi : « Les « conseillers de ce pays-là étaient pour la plupart gen- « tilshommes. Avant de prendre une charge, pour l'ordi- « naire, ils ont fait deux ou trois voyages sur les galères « (de l'ordre de Malte) et se sont battus en duel. Il y en a « même qui..., ne laissent pas de se battre, encore qu'ils « soient sénateurs. » Nous verrons un des membres de la famille qui nous occupe justifier cette assertion de Tallemant en menaçant un de ses collègues du Parlement d'Aix, au cours d'une discussion, de lui donner des coups de bâton. (V. plus loin, Procès de la Cadière.)

Guillaume avait épousé, le 22 juin 1663, Angélique de Simiane de la Coste, de la ville d'Aix. Elle reçut en dot 40 000 livres tournois, soit environ 160 000 francs d'aujourd'hui. Ils étaient morts, tous les deux, en 1692, ainsi que le relate le P. Anselme (art. SIMIANE. *Histoire généalogique*, etc., t. II, p. 257). Ils eurent pour enfants :

1° Jacques-Joseph, qui suit ;

2° Et Thérèse, mariée à François de Rolland, marquis de Cabanes, fils de Claude de Rolland, marquis de Cabanes, seigneur de Réauville, nommé président à la cour des comptes, aides et finances de Provence, par lettres patentes de 1690. Elle reçut une dot de 50 000 livres tournois, soit plus de 200 000 francs d'aujourd'hui (1).

XV. Jacques-Joseph de l'Estang de Parade, deuxième du nom, conseiller le 14 août 1698, puis doyen du Parlement de Provence, épousa, le 27 février 1699, Elisabeth d'Albert, fille du président Antoine d'Albert du Chaine, seigneur de Saint-Martin, et de Marguerite de Guidi. Ils eurent sept enfants :

1° Antoine-Joseph, qui suit ;

2° Guillaume-Joseph-François-Gabriel, chevalier en 1715, puis bailli de l'ordre de Malte. Il avait été nommé, dans la marine royale, garde de l'étendard, le 7 juin 1730, sous-brigadier, puis le 21 janvier 1737, enseigne des galères. Il servit dans ce grade jusqu'à la suppression du corps en 1748. Retraité comme tel le 1er janvier 1749, il obtint, dans l'ordre de Malte, les commanderies de Carpette en 1766, puis, en 1776, celles de Coubins et Morlas. Il est décédé le 15 août 1786. (V. Archives de la marine et Liste des chevaliers de Malte, Bibl. nationale.)

3° Antoine, également chevalier de Malte, passa aussi dans la marine royale. Il était lieutenant de vaisseau lorsqu'il fut tué dans un combat naval livré par *le Magnanime*, le 11 février 1748, contre deux vaisseaux anglais. *Le Magnanime* était commandé par son oncle, marquis d'Albert du Chaine, chef d'escadre, lequel fut fait prisonnier.

4° Thérèse, religieuse au monastère de la Visitation à Aix.

5° Angélique, mariée en 1622, à Gaspard de Varadier, marquis de Saint-Andéol, et décédée le 31 octobre 1738.

6° Dorothée, mariée le 26 juin 1724, à Jean-Baptiste Bruni, marquis d'Entrecasteaux et de Villeneuve, successivement conseiller, puis président du Parlement de Provence, dont elle a eu trois fils. L'aîné a été reçu président à mortier en 1755. Le deuxième a pris l'habit religieux.

(1) La concordance des monnaies est établie d'après les *Tables* de Léber, 1841.

Le troisième fut le fameux navigateur qui fut envoyé à la recherche de La Peyrouse et qui est mort contre-amiral en 1793.

7° Enfin Marguerite, mariée en 1742 à Jean-Baptiste de Castellane, seigneur de Mazaugues, fils d'Antoine de Castellane, deuxième du nom, et d'Anne de Martel.

Jacques-Joseph de l'Estang de Parade siégea, comme conseiller au Parlement d'Aix, lors de la fameuse affaire de la Cadière et du P. Girard, qui, en 1731, eut un si grand retentissement non seulement en Provence, mais dans la France entière. Il serait difficile de se faire une idée de l'effet qu'elle produisit. Les plus grands procès de nos jours, ceux de M. de la Roncière (1835) et de Mme Lafarge (1840) par exemple, malgré les communications multipliées et l'abondance actuelle des moyens de publicité, qui n'existaient pas en 1731, ne sauraient en donner une idée. D'après les lois existantes et qui avaient reçu deux fois leur application dans le siècle précédent (Gauffridi, à Aix même en 1611, et Urbain Grandier à Loudun en 1634), il ne s'agissait de rien moins pour l'accusé que d'être brûlé vif comme sorcier. Or, il n'y avait peut-être au fond de cette affaire, où l'on voulait voir du sortilège, que la scandaleuse séduction d'une fille hystérique ou libidineuse par un prêtre indigne. Mais les passions religieuses, alors déchaînées par la grande querelle des molinistes et des jansénistes, s'en mêlèrent. Les rivalités de deux ordres religieux, les Carmes et les Jésuites, aggravèrent encore le scandale. Enfin les partisans des vieilles idées et les novateurs, comme Voltaire, qui ne voulaient plus croire aux sorciers, excitaient aussi les passions. On trouve à la Bibliothèque nationale plusieurs volumes in-folio remplis des innombrables factums publiés à l'occasion de ce procès. On y trouve surtout, outre le jugement en date du 10 octobre 1731, le résumé succinct, mais détaillé de la délibération qui eut lieu, lors du jugement, dans le sein du Parlement d'Aix. Je le donne à la fin de ce travail (V. annexe, n° 2).

On y verra que le conseiller de Parade se rangea toujours du côté des hommes de bon sens.

On peut voir dans les *Mémoires* du marquis d'Argens (Paris, 1807, in-8°. p. 281 et suiv.), fils du magistrat qui remplissait alors les fonctions de procureur général au Parlement d'Aix, à quel degré d'effervescence furent portées les passions surexcitées par le soleil du Midi. Malgré son profond scepticisme, son athéisme même qu'il proclamait volontiers, le marquis d'Argens, qui assista au procès, est tout à fait favorable au P. Girard. Il l'exonère de toute faute et c'est à ses adversaires qu'il impute toutes les turpitudes dont le P. Girard était accusé. A cause de sa présence au procès dont il a suivi toutes les phases, de sa position de fils du procureur général et de sa complète indépendance au point de vue religieux, son opinion doit faire autorité. Voltaire est aussi de cet avis (1). Le P. Girard, qui, après le procès, se retira dans son pays, à Dôle, y mourut deux ans après, le 4 juillet 1733. Il protesta toujours, jusqu'à son lit de mort, contre les accusations dont il avait été l'objet.

Le conseiller de Parade (c'est ainsi qu'il signe toujours au procès) fut au nombre des plus fougueux défenseurs du P. Girard. Il s'était rangé du côté du président Cardin de Lebret, comte de Selles et seigneur de Flacourt, le chef de sa compagnie, qui, avec onze autres de ses collègues, se refusèrent à voir un sorcier dans le P. Girard. Celui-ci, contre lequel douze autres conseillers opinèrent (2), fut

---

(1) Voir Voltaire, Didot, 1864, t. II, p. 395, 731, 766; t. V, p. 427; t. VII, p. 375, 501. C'est sur une estampe représentant le P. Girard et la Cadière, car ils eurent la vogue des estampes populaires, que Voltaire fit cette épitaphe irrévérencieuse :

Cette belle voit Dieu ; Girard voit cette belle.
Ah ! Girard est plus heureux qu'elle !

(V. t. VII, p. 766.)

(2) Il ne faut pas trop leur en vouloir. Richelieu, malgré son grand esprit, croyait bien aux sortiléges et aux sorciers (V. ses Mémoires), et l'on a vu qu'il en était de même du savant Peiresc, lors du procès de Gauffridi (1611).

absous par suite du partage des voix. Jacques-Joseph de Parade était de ces conseillers de Provence dont parle Tallemant dans le passage que j'ai cité plus haut (V. p. 39). Il fit voir toute sa fougue dans cette occasion, à ce point qu'après une discussion des plus vives avec un des conseillers opposants, il lui dit qu'il s'en repentirait, en le menaçant de lui donner des coups de bâton. (V. *Essais historiques sur le Parlement de Provence*, par Prosper Cabasse, Paris, 1826, in-8º, t. III, p. 262.)

Jacques-Joseph de l'Estang de Parade fit son testament le 17 juillet 1751, et décéda peu de temps après.

XVI. Son fils aîné, ANTOINE-JOSEPH DE L'ESTANG DE PARADE, épousa, le 26 septembre 1729, Elisabeth d'Eymini, de la ville de Tarascon, fille de Pierre, seigneur de Mas-Blanc, et de Marguerite de Raymond Pomerol. Elle reçut en dot 60 000 livres, soit environ 150 000 francs actuels.

Antoine-Joseph fut consul d'Arles en 1742 et 1743, puis premier procureur du pays de Provence en 1764 et 1765, et enfin premier consul d'Arles en 1770. Je n'ai trouvé nulle trace des motifs de son maintien ou de son retour à Arles, lorsque déjà la famille s'était transportée à Aix. Mais son nouveau séjour dans la ville d'Arles ne fut que momentané.

Antoine-Joseph mourut le 23 août 1771. Sa veuve décéda elle-même le 29 mars 1775. Ils eurent onze enfants, dont sept moururent en bas âge :

1º Jacques-Joseph, né à Arles, le 26 mars 1731, fut reçu chevalier de Malte le 21 mai 1759. Il y prononça ses vœux ;

2º Antoine, mort en bas âge ;

3º Joseph-Melchior, qui suit ;

4º Joseph-Guillaume mort en bas âge ;

5º Antoine, reçu dans l'ordre de Malte comme chevalier de minorité et décédé à l'âge de dix ans ;

6° Joseph-Melchior, mort très jeune ;

7° Gaspard-Joseph, né le 9 mars 1747, reçu chevalier de Malte le 12 mars 1750, et plus tard titulaire de la commanderie de Grézans, du prieuré de Saint-Gilles, dans la langue de Provence. (V. la Liste des chevaliers de Malte, imprimée à Malte en 1778, Bibl. nationale.)

La vie du commandeur de Grérans offre bien le type de celle des cadets des familles nobles de l'époque. Ils entraient dès l'enfance, comme chevaliers de minorité, dans l'ordre de Malte. Leur ancienneté datait du jour de l'enregistrement du bref de nomination à la chancellerie de l'ordre ; mais ils étaient tenus d'avoir fait leurs preuves de noblesse à vingt-cinq ans révolus, attendu que leur réception n'était consommée qu'après l'acceptation des preuves dans leurs langues respectives. En attendant ils faisaient leurs caravanes, c'est-à-dire leur éducation navale, sur les vaisseaux ou les galères de l'ordre et, souvent, passaient ensuite dans la marine royale. Elle trouvait là, sans difficulté ni dépense d'aucune sorte, une pépinière de bons officiers. C'est de cette source que provenait le fameux bailli de Suffren. Outre leur éducation maritime, les jeunes chevaliers puisaient, dans leurs relations avec les représentants des diverses aristocraties européennes faisant partie de l'ordre, ces traditions de courtoisie et d'urbanité qui distinguaient, à un aussi haut degré, les officiers de l'ancienne marine française et que leurs successeurs actuels s'appliquent à continuer. On n'a peut-être pas assez remarqué que le refus manifesté par la plupart des officiers de l'ancienne marine de servir les pouvoirs issus de la Révolution provenait surtout de la répulsion que leur inspirèrent le ton et les manières des nouveaux officiers qu'on leur donna alors pour collègues. Le plus grand nombre, en effet, de ces derniers provenait des classes inférieures de la société, et, nommés en grande partie grâce à leurs principes révolutionnaires, ils en exagéraient encore l'expression pour se faire plus facilement remarquer.

Les contemporains du commandeur de Grézans eurent, comme lui, d'autres épreuves à supporter que celles de la mer. Entré dans la marine royale, en 1764, comme garde de la marine, il y parcourut tous les grades jusqu'à celui de capitaine de vaisseau qu'il occupait encore en 1792.

Deux lettres du commandeur de Lestang-Parade, qui figurent à son dossier au ministère de la marine, rendent bien compte des difficultés que l'indiscipline des équipages présentait, dès 1790, à l'exercice du commandement. On y voit également combien elle était nuisible aux intérêts du pays.

Il écrit, de Smyrne, au ministre, le 14 juin 1790 :

« MONSEIGNEUR,

« C'est avec le plus grand chagrin et le cœur navré que
« je me vois forcé de vous rendre compte d'une insurrec-
« tion qui a eu lieu ce matin parmi l'équipage de la cor-
« vette *la Flèche* que j'ai l'honneur de commander, et de
« la demande formelle qu'il m'a faite de s'en retourner en
« France, prétendant qu'ils ne voient plus la fin d'une
« campagne dont la longueur les prive de pouvoir fournir
« à la subsistance de leur famille, qui, vu les circonstances
« actuelles, leur occasionne les plus vives inquiétudes.
« Quoique je me fusse aperçu depuis longtemps, Monsei-
« gneur, du mécontentement qui régnait parmi les mate-
« lots, comme il n'était pas encore universel, j'avais cru
« devoir feindre de l'ignorer. Mais ce matin ils ont franchi
« toutes les bornes et m'ont menacé de laisser le bâtiment
« du Roi seul et de tous s'en aller si, sous peu, ils n'ap-
« prenaient la certitude de leur retour. Etourdi de ce qui
« se passait devant moi, j'ai tâché de leur représenter
« l'indécence de leur conduite et fait mon possible pour les
« ramener par les voies de la douceur, seules armes qui
« nous restent actuellement. Mais tout a été inutile et ils
« m'ont signifié qu'ils voulaient bien patienter deux ou
« trois mois encore, mais que, ce temps expiré, rien ne

« les retiendrait davantage. Tel est, Monseigneur, l'effet
« extraordinaire et sans exemple qu'a produit l'arrivée de
« la frégate *l'Alceste*. Le capitaine m'ayant envoyé avant-
« hier son canot pour me prévenir de son mouillage aux
« îles d'Hourlac et me demander des nouvelles de M. le
« comte de Thy (le commandant de la division), son équi-
« page a communiqué avec le mien, et ses discours ont
« achevé une explosion qui couvait depuis longtemps.
« J'attends l'arrivée de M. le comte de Thy, qui ne doit
« pas tarder, pour lui rendre compte de ce qui se passe et
« prendre ses ordres. Mais je crains bien qu'il ne puisse
« m'être d'aucun secours, et qu'il ne se trouve bientôt lui-
« même dans le même embarras que moi, ce qui m'arrive
« me paraissant être un parti pris et un complot général
« parmi les bâtiments de Provence.

« Il serait bien à désirer, Monseigneur, qu'un retour, à
« la fin des vivres qui nous restent, fît cesser toutes nos
« justes inquiétudes et s'opposât à un événement auquel
« il serait impossible de nous opposer et qui, s'il venait à
« arriver, aurait nécessairement les conséquences les plus
« fâcheuses pour notre commerce et nos établissements
« dans ce pays-ci.

« Je suis, etc.

« Le commandeur, DE LESTANG-PARADE. »

Dans la seconde lettre, en date du 30 août, il rend
compte de son arrivée à Toulon. Il annonce qu'il a quitté
Smyrne pour deux raisons : la première, la consommation
de ses vivres ; la seconde « était une espèce de fermenta-
« tion qui, sans éclater trop ouvertement, se manifestait
« pourtant assez pour me tenir toujours dans les plus vives
« inquiétudes. Forcé de combiner continuellement mes
« démarches d'après les dispositions des esprits, je deve-
« nais absolument inutile au bien du service et j'ai cru ne
« pouvoir mieux faire que d'accélérer de quelques jours
« un départ qui a paru satisfaire, *pour le moment*, des gens

« qui n'ont été retenus que par la grande douceur et la
« circonspection dont j'ai usé envers eux. »

On voit d'ici l'honnête commandant de *la Flèche* partagé entre son devoir, sa responsabilité, l'intérêt du pays et, en même temps, la crainte d'être amené, en sévissant, à tout compromettre. Il ajoute plus loin :

« Pendant mon séjour à..., M. le vicomte de Séran, com-
« mandant le brick *l'Impatient*, est arrivé pour y faire de
« l'eau. Cet officier devait se mettre sous mes ordres et ne
« plus me quitter jusques à notre arrivée en France. Mais
« mon équipage ayant achevé de corrompre totalement le
« sien, au point même que les matelots provençaux
« qu'il avait à son bord avaient été invités par les miens à
« passer sur *la Flèche*, il m'a témoigné désirer ardemment
« notre séparation et j'ai cru ne pouvoir m'y refuser. »

On voit combien le commandement était devenu difficile et combien dès lors les intérêts du pays devaient en souffrir. Au lieu de trois bâtiments, la France n'était plus représentée dans ces parages, où elle avait cependant de graves intérêts, que par un seul brick dont l'équipage était toujours sur le point de se révolter.

Chassé enfin de la marine et de la France par l'indiscipline des équipages alors poussée à ses dernières limites, le commandeur de Lestang-Parade (c'est ainsi qu'il écrit le nom) vint reprendre son poste dans l'ordre de Malte. Il n'y resta pas longtemps tranquille. L'armée qui, sous les ordres de Bonaparte, allait faire la conquête de l'Egypte, vint, en passant, s'emparer de Malte. Le commandeur de Grézans n'eut plus alors d'autres ressources que le mince secours accordé, par la capitulation, aux chevaliers dépossédés, et ce secours même lui manqua bientôt au milieu des désordres financiers de l'époque. Ce ne fut qu'en 1816 qu'il obtint le payement régulier de sa pension de retraite comme capitaine de vaisseau.

8° Le huitième enfant d'Antoine-Joseph fut Marguerite-Elisabeth, née le 27 mars 1732, et morte en bas-âge ;

9° La neuvième, Catherine, née le 7 juillet 1733, épousa, le 19 janvier 1756, Charles de Chiavari de Cabassol, de la ville d'Arles. Nous avons vu ailleurs l'origine de cette famille, avec laquelle la famille de l'Estang avait déjà contracté alliance. Catherine reçut en dot 60 000 livres, soit plus de 120 000 francs d'aujourd'hui ; elle est morte le 30 août 1771 et l'abbé Bonnemant, qui écrivait à peu près à cette époque, signale les regrets que sa perte inspira à toute la ville.

10° et 11° Angélique et Elisabeth, mortes toutes les deux en bas âge.

C'est ici que s'arrêtent les notices contenues dans les ouvrages que tout le monde peut consulter et que nous avons sévèrement contrôlées. Le travail de l'abbé Bonnemant contient encore quelques détails sur Joseph-Melchior qui suit. Mais nous ne pouvons ensuite nous appuyer que sur des documents particuliers venus par hasard en notre possession, ou tirés des archives de la guerre et de la marine et des actes de l'état civil.

XVII. Joseph-Melchior de l'Estang de Parade, troisième fils d'Antoine-Joseph, était né le 21 avril 1737. Il était l'héritier par suite de vœux religieux prononcés par son frère aîné et par la mort du second fils. Il épousa, le 19 janvier 1762, Marie-Pierrette-Elisabeth de Ricard de Brégançon, fille de Louis-Hercule de Ricard, marquis de Brégançon et de Joyeusegarde, et de dame Marie de Vervins, baronne de Bédouin. Une des sœurs de la marquise de Lestang-Parade se maria, en 1759, au vicomte de Narbonne Pelet, nommé lieutenant général en 1750.

Joseph-Melchior, d'abord destiné à l'ordre de Malte, quand ses aînés vivaient encore, fut ensuite nommé, après avoir fait, selon la règle, ses preuves de noblesse (1), page de la petite écurie, en juillet 1751.

(1) Ces preuves de noblesse, certifiées par d'Hozier, existent encore à la Bibliothèque nationale : Manuscrits, cabinets des titres, volume n° 231,

Les pages étaient partagés en deux grandes divisions, ceux de la grande et ceux de la petite écurie. Les uniformes différaient, mais les titres d'admission, ainsi que les situations, étaient presque identiques. En tout cas, l'éducation était pareille. C'était surtout une sorte d'école militaire dont les jeunes gens sortaient avec le grade d'officier comme on sort aujourd'hui des écoles militaires de Saint-Cyr et de Saumur. Joseph-Melchior de l'Estang quitta les pages, en effet, pour devenir lieutenant à la suite du régiment de Rohan, infanterie.

L'officier à la suite, comme plus tard l'officier de remplacement, était, sous l'ancien régime, ce que nous appellerions aujourd'hui un officier de réserve, ou mieux encore, un officier en disponibilité. On pouvait rentrer dans l'armée active avec un grade inférieur ou supérieur, indifféremment.

C'est ce que fit Joseph-Melchior de l'Estang-Parade en passant, en 1775, comme maréchal des logis, dans la compagnie de grenadiers à cheval de la maison du roi. Il figure, dans la même compagnie, sous le nom de chevalier de l'Estang, de 1758 à 1763. Reconnu et reçu à la cour, en 1764, comme marquis de l'Estang de Parade, c'est désormais, avec ce titre, qu'il est porté sur les contrôles de la maison du roi, comme sous-lieutenant d'abord, en 1764 et 1765, et comme lieutenant de 1766 jusqu'au 25 août 1767 (voir les Etats militaires de la France qui ont précédé, sous l'Ancien régime, l'annuaire militaire actuel, et l'état régulier de ses services délivré, en 1880, par le ministre de la guerre, annexe n° 3) (1). Cette compagnie était commandée par le marquis de Lugeac, lieutenant

p. 39. Elles ne remontent que jusqu'au huitième degré, c'est-à-dire à Honoré, deuxième du nom. Le certificat d'admission, également signé par d'Hozier, se trouve aux Archives, au volume coté 0¹965.

(1) Les armes de la famille données par Jacques de Lestang dans son Mémoire de 1655 et confirmées lors de la vérification des titres de noblesse en 1667 (ce sont celles qui sont reproduites en tête de ce volume) portent, en effet, l'écu timbré d'une couronne de marquis avec feuilles d'ache, mêlées de perles.

général. Les collègues du marquis de l'Estang Parade, comme lieutenants, étaient : le marquis de Toustain, ayant rang de brigadier, et le chevalier de Beaujeu, ayant rang de maréchal de camp.

Nommé chevalier de Saint-Louis le 15 février 1771, le marquis de l'Estang de Parade est compris sur la liste des gentilshommes de Provence qui ont fait leurs preuves de noblesse pour avoir entrée aux Etats de Provence, tenus à Aix, de 1787 à 1789. (V. procès-verbaux déposés aux archives de la préfecture des Bouches-du-Rhône. Ils ont été publiés par M. le comte Godefroy de Montgrand, Marseille, 1860.) Il y figure comme seigneur de Masblanc, fief dont il avait hérité de sa mère. Il dut assister, en cette qualité, à la fameuse séance du 8 février 1789, dans laquelle le marquis de La Fare, déposant sur le bureau du président ses titres de propriété, établissant ainsi son droit de vote, sommait Mirabeau d'en faire autant. Celui-ci ne possédait rien et voulait représenter son père, qui s'y refusait. Il ne pouvait donc être admis. C'est là ce que les historiens de la Révolution (Thiers, L. Blanc, H. Martin) ont appelé : *Rejeté, exclus, sous un prétexte frivole.* Qu'aurait dit M. Thiers, par exemple, si, lorsqu'il était ministre sous le régime censitaire de 1830, un fils, ne possédant rien que des dettes, avait eu la prétention de voter à la place de son père en s'appliquant, malgré un refus absolu, le bénéfice des impositions qui donnaient à celui-ci seul le droit de vote ? Telle était cependant la position exacte de Mirabeau et celui-ci le savait bien. (V. les lettres échangées à ce sujet avec La Fayette dans ses Mémoires, publiés par Lucas de Montigny, t. V, p. 197 et suiv.)

Le marquis de l'Estang de Parade décéda le 4 janvier 1813. Son fils, Jean-Joseph-Alexandre, dont il est question plus loin, avait fait de lui un portrait remarquable qui fut gravé en 1813, l'année même de sa mort, par Marius Reinaud. C'est une eau-forte, assez finement exécutée, dont j'ai un exemplaire sous les yeux.

Il était resté en France, ainsi que la marquise, pendant toute la durée de la Révolution. Nous verrons plus loin les motifs de sa conduite.

Ils avaient eu quatre garçons et trois filles :

1° Joseph-Sextius, dont l'article suit ;

2° Joseph-Guillaume-Hercule, reçu chevalier de Malte le 13 septembre 1767, puis nommé, en France, garde de la marine, et décédé, en cette qualité, à Cadix, le 4 février 1783, à bord de *la Sardine*, sur laquelle il était embarqué.

3° Jean-Joseph-Alexandre, reçu chevalier de Malte le 11 octobre 1770. Il s'occupa beaucoup de peinture. Il est l'auteur du portrait de son père dont il est plus haut question et devint un très habile peintre de portrait en miniature. C'est à lui, alors réfugié à Malte, auprès du commandeur de Grézans, son oncle, qu'est adressée une lettre de sa mère, dont nous donnons plus loin des extraits. Rentré en France, il réunit dans son hôtel, rue de l'Opéra, à Aix, une remarquable collection de tableaux et d'objets d'art, signalée dans l'*Histoire de la ville d'Aix*, publiée en 1823, par M. Dubourguet, maire de cette ville, (v. p. 147) et dont il est également question dans l'ouvrage intitulé : *les Rues d'Aix*, par M. Roux Alphéran (Aix, 1847, p. 324, 329 et 544). Cette collection a été récemment vendue à Paris en vente publique ;

4° Joseph-Melchior, reçu chevalier de minorité de l'Ordre de Malte le 5 septembre 1772 ;

5° Marie-Joséphine-Laure, née à Aix le 15 janvier 1763. Elle épousa, en premières noces, N.... et, en secondes noces, le 26 décembre 1788, Louis-François-Alexandre, marquis de Galliffet, prince de Martigues, etc., né le 17 mai 1748. Leurs petits-enfants, existant actuellement, sont : M. le marquis de Galliffet (Gaston-Alexandre-Auguste), né en 1830, général de division et commandant d'un corps d'armée, et ses sœurs, Mme la comtesse de Vassynhac d'Imécourt et Mme la marquise de Barbantane ;

6° Léontine-Sophie, chanoinesse de l'ordre de Saint-Jean de Jérusalem ;

7° Une troisième fille, Jeanne-Blanche, née à Aix le 5 octobre 1764, y était décédée le 14 juin 1765.

C'est à 1772 que s'arrêtent les travaux manuscrits de l'abbé Bonnemant. Nous n'avons plus dès lors son précieux concours, et il nous faut maintenant puiser dans les quelques documents que nos révolutions successives et le hasard ont laissés venir en notre possession, ainsi que les actes publics et surtout ceux de l'état civil.

Parmi ces documents se trouvent en première ligne ceux qui se rapportent à l'histoire de la famille pendant la première révolution. Elle fut assez violente en Provence (1) et notamment à Aix.

Dans les différentes histoires de la Révolution parues jusqu'ici, il est à peine question de la portion de la nation la plus nombreuse. C'était celle des anciens nobles et propriétaires. On leur prenait tout : rang, fortune, patrimoine, la vie enfin, tout leur était ôté, et soit à eux, soit à leur famille, on n'offrait rien en échange, pas même le droit de s'éloigner d'un pays où ils étaient aussi maltraités. Aux familles du rang de celle qui nous occupe, on ne laissa bientôt d'autre alternative que de périr ou de se sauver, c'est-à-dire de se mettre en contravention avec la loi en émigrant. Car, pour pouvoir s'emparer de leurs biens, les partis révolutionnaires extrêmes firent à ces malheureux un crime de s'enfuir et de ne pas vouloir se laisser égorger sur place.

Le marquis Joseph-Melchior de l'Estang-Parade, qui, ainsi que nous l'avons vu, ne mourut qu'en 1813, eut à supporter les effets désastreux de la Révolution. Retiré dans une propriété située dans les montagnes de Provence, il ne quitta pas la France, comme ses fils furent contraints de le faire. Mais on va voir, par les extraits

(1) Massacres d'Aix, de Nimes, d'Avignon, d'Orange, de Bédouin, etc. A Arles, l'accord régna plus longtemps.

suivants d'une lettre écrite par sa femme, la marquise de l'Estang-Parade, née de Brégançon, à quelle extrémité la famille était réduite. Cette lettre sans date, tombée par hasard entre nos mains, doit être, comme on va le voir, antérieure à l'expédition d'Egypte, c'est-à-dire à 1798. Elle est adressée au fils cadet de la marquise, Jean-Joseph-Alexandre, alors réfugié à Malte, avec son frère, Joseph Melchior, auprès de leur oncle, le commandeur de Grézans :

« Je réponds un mot, mon cher enfant, à ta petite lettre
« du 20 mars. J'espère que cette lettre ne te donnera pas
« de la tristesse, puisque je peux te donner l'espérance
« que, dans un mois au plus tard, ton père t'écrira que
« votre exil est fini et que vous pourrez prendre un arran-
« gement pour venir nous retrouver. Il t'écrira alors tous
« les détails qui seront nécessaires pour vous faire quitter
« votre rocher. Nous nous occupons bien souvent dans la
« journée du bonheur que nous aurons d'être réunis ;
« nous te serrerons bien tendrement dans nos bras et ces
« moments heureux nous feront oublier une partie de nos
« malheurs. Nous nous dirons : C'est pour eux que nous
« avons souffert et nous leur avons conservé du moins un
« morceau de pain. Etant sages, ils n'auront besoin de
« personne et ils auront toujours l'honnête nécessaire.
« C'est la plus douce satisfaction pour un père et une mère
« qui vous aiment aussi tendrement que nous le faisons...

« Garde-toi de m'acheter du tabac. Notre fortune ne
« nous permet plus de faire une si grande dépense pour
« notre nez.

« Tout le bien que tu nous dis de Melchior nous fait
« grand plaisir. Pour le Moscovite (il s'agit du fils aîné,
« Joseph-Sextius, passé au service de la Russie) il y a plus
« d'un an que nous n'en avons eu de nouvelles (il était
« alors en Perse, comme on le verra plus loin). Mais je ne
« perds pas l'espérance de nous voir tous réunis.....

« Mes compliments à M. votre oncle. »

On voit, par cette lettre, que le marquis et la marquise de l'Estang de Parade, se sacrifiant pour leurs enfants, s'étaient condamnés à rester en France pour leur conserver quelques ressources ; leur but était d'éviter ainsi la confiscation odieuse qui atteignait les malheureux qu'on contraignait à s'enfuir. Il paraît qu'interrogés par les autorités révolutionnaires sur la destination de leurs enfants, le marquis et la marquise s'étaient bornés à répondre que les deux cadets servaient dans l'ordre de Malte, où ils étaient depuis longtemps engagés, et que l'aîné, Joseph-Sextius, était au service de la Russie, mais dans des troupes qui n'avaient jamais été et ne pouvaient être employées contre les Français, ce qui était rigoureusement vrai, ainsi qu'on va le voir.

XVIII. Joseph-Sextius, marquis de l'Estang de Parade, né à Aix, le 6 novembre 1765, avait été nommé cadet-gentilhomme au régiment de Languedoc-Dragons, le 24 novembre 1780, puis sous-lieutenant, et passa ensuite, comme capitaine de remplacement, au régiment de Dauphin-Dragons. Il émigra, en 1791, mais bientôt il fut, comme ses camarades, conduit à s'enrôler dans l'armée de Condé, où il servit d'abord dans l'escadron de Choiseul d'Aillecourt (1). Il le quitta, en 1793, après la mort du roi. Il passa alors au service de la Russie, où Catherine II régnait encore. Il n'eut pas, dans cette position, à lutter contre des Français, car il ne cessa d'être employé, soit sur sa demande, soit, dit-on aussi, par suite d'une intrigue de cour, et, sous Catherine, elles étaient nombreuses, dans les troupes russes envoyées contre la Perse. Il y figura comme major au régiment de Nigigaraski jusqu'en 1797. C'était, paraît-il, un des plus beaux hommes de son temps. Rentré en France sous le

---

(1) Le comte de Choiseul d'Aillecourt, colonel de cavalerie, avait été membre de l'Assemblée nationale en 1789. Voir ce qui en est dit dans les Mémoires du comte Beugnot. (Paris, Dentu, 1869).

gouvernement réparateur du Consulat, il retourna à Aix, où il se maria. Il fut plus tard, en 1816, breveté comme chef d'escadron, attaché un moment comme tel à l'état-major de la place de Paris et retraité le 6 novembre 1829.

Dans l'état officiel de ses services dressé par le ministère de la guerre (V. annexe n° 4), comme dans les différents brevets et actes qui le concernent, il est toujours désigné sous le nom de : *Marquis de Lestang-Parade*. C'est avec lui, en effet, que commence l'application régulière des dispositions rigoureuses du code civil et que, lors de son acte de mariage notamment et de son acte de décès, le nom prend définitivement cette forme.

Il avait épousé, le 13 frimaire an XII (5 décembre 1803) Adélaïde-Louise-Eugénie-Joséphine de Forbin la Barben, fille de François-Anne-Gaspard-Palamède, marquis de Forben la Barben, et de Marthe-Françoise Milan de la Roque. Mlle de Forbin avait deux sœurs, qui se sont mariées à MM. de Saint-Vincent et de Saporta, et trois frères, dont l'un a été directeur général des musées sous la Restauration, et a marié ses deux filles, l'une à M. le comte de Marcellus et l'autre à M. de Pinelli.

Joseph-Sextius de Lestang-Parade, qui avait été nommé chevalier de Saint-Louis en 1814 (1), devint maire de Soliès-Pont (département du Var) en 1815. Il décéda, le 6 mai 1836, à la Bastide-Blanche, commune de Mées, près de Digne (Basses-Alpes).

De son mariage il eut :

1° Joseph, mort en bas âge ;

2° Léon-Joseph-Roland, qui suit ;

3° Joseph-Melchior-Elie, né à Paris le 5 février 1816, entré à l'Ecole navale le 29 octobre 1832, et licencié le 20 octobre 1883. De son mariage avec Mlle Sophie de Calvi-Saint-André il eut un fils, M. le comte Alexandre de Lestang-Parade. C'est lui qui a fait vendre publiquement, les 19 et 20 mai 1882, la riche collection réunie par ses oncles

(1) Son brevet est signé par le maréchal Soult, duc de Dalmatie.

(V. p. 54) et laissée par eux à son père. Le montant de cette vente s'est élevé à plus de 60 000 francs ;

4° Marie-Joséphine, née à Aix le 10 janvier 1807, laquelle épousa, le 3 juin 1828, Augustin-Marius-Paul de Bec, peintre de paysages, depuis directeur de la ferme école de la Montaurone, près de Saint-Cannat (Bouches-du-Rhône), et qui mourut le 22 janvier 1866, laissant deux fils et une fille, vivants en 1882.

XIX. Léon-Joseph-Roland, marquis de Lestang-Parade, est né à Paris le 5 avril 1810.

Il s'adonna à la peinture, fut élève du baron Gros, et obtint successivement des médailles d'honneur de 2e et de 1re classe aux expositions de peinture de 1835 et de 1838.

Il a épousé à Paris, le 24 novembre 1847, Françoise-Cécile Simonier, née à Paris le 22 mars 1827. De ce mariage sont issus trois garçons et deux filles, savoir :

1° Jean-Joseph-Melchior-Henri, né le 10 mars 1849, et décédé le 20 du même mois ;

2° Henri-Jean-Joseph-Melchior, comte de Lestang-Parade, né à Paris le 23 novembre 1851. Engagé volontaire, en 1870, au moment de la guerre contre la Prusse, il passa, à la paix, dans l'infanterie de marine. Après s'être distingué dans la répression d'une insurrection des naturels à la Nouvelle-Calédonie, il est parvenu au grade de capitaine en 1882. Il a épousé, le 1er juillet 1880, Mathilde-Louise-Marie-Camille Godefroy, née à Suresnes (Seine) le 6 décembre 1859. Ils ont un fils, Jean-Roland-Raymond de Lestang-Parade, né à Paris, le 8 juin 1881 ;

3° Joseph-François-Justin, vicomte de Lestang Parade, né le 27 septembre 1853 ;

4° Marie-Louise-Joséphine-Annunziata, née le 21 décembre 1850. Elle a épousé, le 3 décembre 1879, M. Biard d'Aunet, ancien lieutenant de vaisseau, vice-consul de France, d'abord à Algésiras, puis à Aden et à Bizerte. Ils ont deux fils.

5° Marie-Thérèse, née en 1866 et décédée en décembre 1877.

Ma tâche est ici terminée. Elle eût été plus facile si j'avais pu avoir communication de tous les titres et documents restés en possession de la famille. Mais ils sont dispersés entre plusieurs mains, et il ne m'a pas été possible d'en avoir connaissance. Si mon travail est incomplet, c'est à cette circonstance qu'il faut surtout l'attribuer. Espérons que d'autres seront un jour plus heureux que moi.

DOCUMENTS

ANNEXE N° 1.

Copie du manuscrit original sur parchemin déposé a la Bibliothèque nationale (manuscrits, fonds français, n° 10196) et publié pour la 1re fois a la suite des mémoires-journaux de Pierre de l'Estoille, édition Champollion, tome III. Jouaust, Paris, 1876. (page 372).

Certificat
de plusieurs seigneurs de la cour qui assistèrent le roy Henri III depuis l'instant de sa blessure jusqu'à son décès.

Nous, soubsignez, après avoir considéré qu'il est très véritable que Dieu est seul scrutateur des cœurs et qu'il cognoist l'intérieur d'iceux, s'estant réservé cela, comme chose à lui propre et particulière, et qu'au contraire les hommes jugent par l'apparence du bien et du mal d'autruy : à ceste occasion, avons bien voulu faire la présente attestation, et, si besoin estoit, la signer de nostre propre sang, à vous Monsieur l'illustrissime et révérendissime cardinal de Gondy, comme evesque et pasteur de ce diocèse, et à tous autres à qui il appartiendra sur le décedz et trespas du très-haut, très-puissant, très-magnanime et très-chrestien Prince Henri III, Roy de France et de Pologne, qui passa en une meilleure vie, ce jour d'hier, en son camp de Saint-Cloud, au très-grand regret de tous ses bons, fidelles et affectionez subjects, d'une blessure par luy receue avec toute la félonnie, et acte plus barbare et si détestable, qu'à peine la postérité le pourra croire, attendu la profession du malfaiteur, et la bonté et piété de Sa Majesté envers ceux de son ordre. Laissant doncques à d'autres personnes pour attester comme, tout le temps de sa vie, il a employé des meilleures heures aux exercices de la Religion Catholique, Apostolique et Rommaine, pour servir d'exemple et miroir à ses successeurs, nous suffira de représenter les derniers actes de sa vie, à commencer de l'heure de sa blessure, qui fut sur les sept à huict heures du jour de mardy, premier de ce mois, estant en sa chambre, jusques à l'instant de son trespas. Comme il se sentit blessé, il se recommanda tout aussitost à Dieu, comme au souverain médecin. Et, après le premier appareil, il auroit, en nos présences, demandé à son premier chirurgien quel jugement il faisoit de sa playe et qu'il lui commandait de ne luy celer le mal, afin qu'il fust prévenu de la mort, sans avoir recours aux remèdes de l'âme, qui sont les sacrements de l'Église Catholique, Apostolique et Romainne, à sçavoir la saincte confession et sacrement de pénitence, la saincte communion du corps et sang de Jésus-Christ et extrême-onction. Qui lui auroit respondu, avec le jugement des autres chirurgiens ses compagnons, qu'on ne cognoissoit pas qu'il fust en danger, et qu'ils espéroient, avec l'aide de Dieu, que dans dix jours au plus tard il monteroit à cheval. Ce qui donna à sa Majesté une grande asseurance. Quelques temps après, ayant demandé son chapelain, pour ouïr la saincte messe, il auroit esté dressé un autel vis-à-vis de son lict dans sa chambre ; laquelle il auroit ouye avec toute l'attention et dévotion qu'on sçauroit désirer ; et, au temps de l'élévation du sainct sacrement et précieux corps et sang de Jésus-Christ, ayant Sa Majesté la larme à l'œil, auroit à haute voix proféré telles paroles : « Seigneur « Dieu, si tu estimois que ma vie soit utile et profitable à mon « peuple et à mon Estat que tu m'as mis en charge, conserve-moy « et prolonge mes jours ; sinon, mon Dieu, prends mon corps et « sauve mon âme, et la mets en ton paradis ; ta volonté soit « faicte. » Y adjoustant ces beaux mots, que l'Église chante à telle action : « *O salutaris hostia*, etc. » Et, la messe finie, il prit quelque rafraichissement pour pouvoir reposer, et tout le reste du jour, il ne parla que de Dieu, et combien il estimoit heureux ceux qui mouroient en sa grâce, et qu'il désiroit surtout de s'y disposer pour estre plus asseuré, encores qu'il n'y avait que dix jours qu'il avait receu son créateur, qui fut le jour de dimanche vingt-troisième du mois dernier, estant en son camp de Pontoise. Il est venu à nostre cognoissance, comme son confesseur le signera avec nous, que leur ayant dict que le bruit estoit que nostre Saint-Père le Pape avait envoyé une monition contre Sa Majesté, sur ce qui s'estoit passé dernièrement aux Estats à Blois, toutes fois qu'il ne sçavait pas les clauses de la dite monition, mais qu'il ne pouvoit, sans manquer à son devoir, ne le point exhorter de satisfaire à ce que Sa Saincteté demandoit de luy, et qu'autrement il ne luy pouvoit donner l'absolution des fautes qu'il venoit de

« leur confesser : à quoi il auroit respondu qu'il estoit premier
« fils de l'Église Catholique Apostolique et Romaine, et qu'il vou-
« loit vivre et mourir tel, et qu'il contenterait Sa Saincteté en ce
qu'elle désiroit de lui. » Quoi voyant, le confesseur, il lui donna
absolution, suivant le pouvoir qu'il en avait. Sur le soir du mesme
jour du mardy, sa Majesté commença à sentir quelques douleurs
et grandes tranchées, pour avoir esté blessé au petit ventre, lesquelles douleurs s'accrurent sur les onze heures, et, se sentant
foible, envoya quérir son dit chapelain pour l'ouïr en confession,
et espérant que les douleurs s'appaiseroient par les remèdes que
l'on appliqueroit, il désiroit se confesser. Sur les deux heures
après minuit, son mal rengregea si fort que luy-mesme commanda
au dit chapelain d'aller prendre le précieux corps de Jésus-
Christ « afin qu'estant confessé je le puisse adorer et recevoir
« pour viatique, car je juge que l'heure est venue que Dieu veut
« faire sa volonté de moy. » Qui fut cause que tous, nous pré-
sens, commençames à luy donner courage et de vouloir prendre
la mort en patience, qu'il recogneust que Dieu lui pardonne-
roit ses peschez, par le mérite de la mort et passion de Jésus-
Christ son fils. Ce qu'il confessa fort librement et fort asseuré-
ment. Un autre d'entre nous luy dit : « Sire, montrez-nous, à ce
« coup, que vous êtes vrai Catholique, et recoignoissez la puis-
« sance de Dieu, et monstrez-nous que les actes de piété et de
« religion qui ont été faicts par vous, que vous les avez faicts
« franchement et sans contrainte, parce que vous y avez tous
« jours creu. — Oui, dit-il, je veux mourir en la créance de
« l'Église Catholique, Apostolique et Rommaine. Mon Dieu, ayez
« pitié de moy, et me pardonnez mes peschez, disant : *In manus
« tuas*, etc., et le psaume *miserere mei, Deus*, etc., » lequel il ne put
tout achever, pour estre interrompu de l'un de nous, qui lui dit :
« Mais, Sire, puisque désirez que Dieu vous pardonne, il faut
« premièrement que vous pardonniez à vos ennemis ? » Sur quoy
il respondit : « Ouy, je leur pardonne de bien bon cœur. —
« Mais, Sire, lui fut-il dit, pardonnez-vous à ceux qui ont pour-
« chassé votre blessure? » Il respondit : « Je leur pardonne aussi
« et prie Dieu leur vouloir pardonner leurs fautes, comme je désire
« qu'il pardonne les miennes. » Du depuis il feit approcher son
chapelain, qui, à la vérité, lui trouva la parole fort foible et ne
peut faire la confession si longue qu'il eust bien désiré; lequel
lui donna l'absolution, et, ayant perdu la parole, quasi bientost
après il rendit l'âme à Dieu, faisant par deux fois le signe de la
croix, au regret de tous nous autres ses serviteurs. Et du depuis,
à la façon qu'on a accoustumé de faire prier Dieu pour les Roys,

l'on y a procédé le mieux qu'il a esté possible, et ne luy avons pas peu rendre les honneurs derniers que la grandeur de Sa Majesté méritoit, pour la nécessité du temps. Ce que nous certifions et disons tout ce que dessus estre véritable et l'avons signé de nos mains. Fait au camp de Saint-Cloud, le troisième jour d'aoust mil cinq cent quatre vingts et neuf.

CHARLES (Bastard) D'ORLÉANS, grand prieur de France.

BIRON, partie l'aiant ouy et asseuré par jeus de honneur.

ROGIER DE BELLEGARDE, grant escuyer de France, qui luy ay entendu dire de sa propre bouche tout ce qui est porté cy dessus.

DE CHATEAUVIEUX, premier capitaine des gardes du cors de Sa Magesté, qui luy aie asisté depuis q'y la été blessé jusque à ce q'y la randu l'esprit, et certifie lui avoier ouy dire ce que dessus.

MANOU, capitaine des gardes du corps de Sa Majesté, certifye se que dessus estre véritable.

CHARLES DU PLESSEYS, premier esescuier de Sa Majesté, certifie ce que dessus estre véritable.

LOYS DE PARADES, ausmonier ordinaire du Roy, certifie ce que dessus estre véritable.

ESTIENNE BOLLOGNE, chapelein ordinere du feu Roy, en son cabinet, certifie lui avoir ouy dire ce que desseus estre véritable, et qui l'ay confessé.

J. LOUIS DE LAVALETTE, DUC D'ÉPERNON, qui l'a assisté jusques au dernier soupir et a ouy de ses oreilles ce que dessus.

FRANÇOIS, gouverneur de Paris et Ille de France, qui luy ay assisté jusques à sa fin, certifie luy avoir ouy dire ce que dessus.

CHARLES DE BALZAC, cappitaine des gardes du corps de Sa Magesté, qui luy ay assisté depuis l'heure de sa blessure jusque à sa fin, certifie luy avoir ouy dire ce que dessus.

RUZÉ, premier secrétaire d'Etat du feu Roy, certifie ce que dessus estre véritable.

Ce document avait surtout pour but d'apaiser la cour de Rome, et il a, en effet, servi de base à la longue négociation entreprise, sur la demande de la reine Louise de Lorraine-Vaudemont, la veuve de Henri III, par le cardinal d'Ossat, auprès de la cour de Rome, en vue d'obtenir la levée de l'excommunication prononcée contre le roi défunt. Il avait eu aussi pour but, dit Varillas, qui en a parlé dans son *Histoire de Henri III* (in-12, Paris, 1695, t. VI, p. 144) d'empêcher la Ligue de publier que le roi était mort en désespéré.

Varillas ne donne le nom d'aucun des signataires. Scipion Dupleix, dans son *Histoire de Henri III* (in-folio, Paris, 1630, p. 293), cite le document sans en donner le texte, mais il relate exactement la liste des signataires. Il écrit ainsi le nom de l'aumônier du roi : Louis de Parades.

Il est peut-être singulier qu'aucun des historiens postérieurs n'ait parlé de ce document. Il n'y en a trace ni dans Mézeray, Péréfixe, le P. Daniel, Velly, parmi les historiens anciens; ni dans les modernes, sauf M. Henri Martin (t. II, p. 208), M. le colonel de la Barre-Duparc, dans sa récente *Histoire de Henri III* (Paris, Didier, 1882), le cite également (p. 224), mais il n'en donne pas le texte.

Les auteurs de Mémoires du temps, tels que le comte d'Angoulême, celui-là même qui a signé le premier; d'Aubigné, Palma-Cayet, l'Estoille, donnent des noms différents en parlant des officiers et gentilshommes présents autour du lit de mort du roi, aux diverses heures de la journée du 2 août 1589. Ils concordent cependant en partie avec ceux qui ont, en effet, signé le document qui précède.

J'ai eu la curiosité de rechercher l'origine et de connaître l'histoire de tous les signataires de ce document. Cela n'a pas été facile pour quelques-uns, dont les noms, comme ceux de beaucoup de gentilshommes de l'époque, se sont successivement modifiés.

Ce travail n'a pas été fait par les derniers éditeurs des Mémoires de l'Estoille (Champollion) qui ont donné les premiers copie des documents en question, non plus que par M. Eudes du Gord, qui en a aussi donné copie dans son Recueil de documents sur les derniers Valois (Paris, Didot, 1869).

J'ai trouvé les renseignements les plus utiles dans l'ouvrage du P. Anselme, *Histoire généalogique et chronologique de la maison de France et des grands officiers de la Couronne*. Je me suis aussi servi des renseignements épars dans les *Historiettes* de Tallemant des Réaux. C'est là que j'ai notamment trouvé trace de la parenté existant entre François, marquis d'O, et le procureur général La Guesle, qui a introduit Jacques Clément auprès de Henri III). (V. *Historiette* de Seignier, marquis de Sorel.)

Le premier signataire est Charles de Valois, bâtard d'Orléans. C'est le fils de Charles IX et de Marie Touchet. Né en 1573, au château de Gayet, près de Montmeillan, en Dauphiné, il n'avait qu'un peu plus d'un an lorsqu'il perdit son père, qui le fit recommander d'une manière particulière à son frère et successeur, Henri III.

Celui-ci le fit recevoir, en 1587, comme grand prieur de l'ordre de Malte en France, ce qui lui assurait des revenus considérables.

Puis il lui fit léguer, par la reine Catherine de Médicis, le comté d'Auvergne. Il avait seize ans lors de la mort du roi, qui le recommanda aussi à son successeur.

Il se rallia des premiers à Henri IV et combattit vaillamment à ses côtés, à Arques d'abord, où il tua de sa main le comte de Sagonne, le général de la cavalerie ennemie, et ensuite à Ivry et à Fontaine-Française. Il fut, plus tard, compromis dans certains complots, avec sa sœur maternelle, Henriette d'Entragues, duchesse de Verneuil, et mis à la Bastille.

Veuf de Charlotte de Montmorency et âgé de soixante et onze ans, il se remaria, le 25 février 1644, à Françoise de Nargonne, laquelle ne mourut, à l'âge de quatre-vingt-douze ans, que le 10 août 1715, c'est-à-dire cent quarante et un ans après son beau-père, Charles IX, lequel était mort le 31 mai 1574.

Devenu duc d'Angoulême, en 1619, comme héritier de Diane d'Angoulême, fille naturelle de Henri II, il a laissé, sous ce nom, des mémoires intéressants qui ont été publiés dans la Collection des mémoires sur l'histoire de France. Il y retrace tous les incidents de la journée du 2 août 1589.

Il a été l'objet d'une historiette de Tallemant des Réaux, tome Ier.

Il est mort, à l'âge de soixante-dix-sept ans, en 1650.

Le Biron qui a signé le second est Armand de Gontaut, baron de Biron. Né en 1525, il était maréchal de France depuis 1577. Il fut tué au siège d'Epernay en 1592. Des biographes ont prétendu qu'il était instruit et que c'était son fils, le malheureux et coupable Biron, qui eut la tête coupée pour trahison répétée en 1602, qui était illettré. Sa signature et l'orthographe des quelques mots écrits en 1589 indiquent assez que c'est bien le maréchal de Biron, dont l'instruction laissait fort à désirer.

Celui qui signe : *Rogier de Bellegarde, grant escuyer*, était Roger de Saint-Lary, duc de Bellegarde et de Termes. Né en 1563, il est mort le 13 juillet 1646. Il était grand écuyer de France, sous Henri III, et fut gouverneur de Bourgogne sous Henri IV. Il combattit à Arques, à Fontaine-Française et au siège de la Rochelle. Il a été le rival heureux, dit-on, de Henri IV, auprès de Gabrielle d'Estrées, et plus tard, il s'éprit de la reine Anne d'Autriche, femme de Louis XIII. Disgracié alors, il fut forcé de se démettre de sa charge de grand écuyer, qui fut donnée à Cinq-Mars, et fut mis à la Bastille, où il resta douze ans. Tallemant des Réaux a fait une historiette sur son compte, tome 1er.

Joachim de Châteauvieux vient ensuite. Il était seigneur de Vierjon, chevalier des ordres du Roi (c'est-à-dire du Saint-Esprit), capitaine des cent archers de la garde écossaise, capitaine de cinquante hommes d'armes de ses ordonnances, etc., etc. Il fut plus tard chevalier d'honneur de la reine Marie de Médicis, et mourut, sans alliance, à Paris, le 13 janvier 1615.

Manou était Jean d'O, vicomte de Manou, chevalier des ordres du Roi, capitaine de ses gardes du corps. Il était le frère de François d'O, gouverneur de Paris, qui a signé plus loin. Jean de Manou ne laissa que des filles. Il mourut en 1596.

Celui qui signe *Charles du Plesseys, premier escuier*, était Charles du Plessis, seigneur de Liancourt, marquis de Guercheville, etc., chevalier des ordres du Roi, premier écuyer de la petite écurie, etc. Il mourut le 20 octobre 1620. Il avait épousé Antoinette de Pons, veuve de Henri de Silly, comte de la Roche-Guyon, qui fut dame d'honneur de Marie de Médicis. Elle mourut à Paris le 16 janvier 1632. C'est d'elle que Henri IV, qui en avait été un moment épris, disait que c'était une « *véritable* dame d'honneur ». Elle figure dans les Historiettes de Tallemant. Dans une note de l'édition des *Mémoires de l'Estoille* de la collection Michaud, on confond ce du Plessis avec du Plessis-Richelieu, grand prévôt de l'hôtel, qui fit le procès au corps de Jacques Clément, mais qui ne figure pas parmi les signataires.

Nous avons dit ce qu'était Loys de Parade. M. Vitet, dans ses Scènes de la Ligue, l'a fait figurer vers la fin de son drame intitulé : *la Mort de Henri III*. Mais, je ne sais pas pourquoi, il semble vouloir lui donner un caractère semi-ligueur dans l'apostrophe suivante qu'il prête à Biron :

Biron, *à M. de Parades, chapelain du cabinet.* Eh bien, vous voilà contents, messieurs de Rome?

De Parade. Monsieur le maréchal, j'aurais donné l'absolution au Roi sans conditions.

Chemerault. Que ne parliez-vous, s'il en est ainsi?

De Parade. Mieux vaut pour Sa Majesté qu'Elle ait acheté son pardon (1).

L'abbé de Parade n'était pas du côté des *Messieurs de Rome,* qui marchaient alors avec la Ligue. Il était avec les honnêtes gens, politiques, parlementaires et bourgeois, tels que l'Hôpital, Villeroy et Jeannin, de Thou, Lemaistre et Pasquier, Pithou, Passerat

---

(1) V. Vitet, *la Ligue*, Paris, Gosselin, in-12, 1844, t. II, p. 515.

et Rapin. La Ligue, cette folie du peuple qui en a précédé tant d'autres (1), était aussi fanatique en religion qu'antinationale en politique. L'abbé de Parade n'en a jamais partagé les fureurs. C'est ce que n'a pas compris M. Vitet, à qui on a dû, plus tard, cette triste phrase (2) : « Quand je me rappelle cette désastreuse année, et les biens qui, je l'espère, découleront de ces maux, j'hésite à la maudire et j'entrevois un temps où, tout compte fait, *nous la bénirons.* N'a-t-elle pas vu tomber l'Empire? » Ce n'est pas un des bons Français dont nous avons raconté l'histoire qui aurait jamais écrit ces lignes !

Estienne Bollogne, chapelain du roi, etc., était Etienne-Arnaud de Bologne, natif de Barcelonnette, diocèse d'Embrun, originaire de la ville de Bologne en Italie, de la maison de Capisucchi (V. *Histoire ecclésiastique de la chapelle des rois de France*, par l'abbé Archon, Paris, 1711, in-4°, livre III, page 641). Cet auteur donne le nom des aumôniers du roi, mais estropie celui de l'abbé de Parade, qu'il écrit ainsi : Louis de Paredes, au lieu de Parade).

Jean-Louis de Nogaret de Lavalette, duc d'Epernon, était né en 1554. Il était au nombre des favoris de Henri III. Il servit au siège de la Rochelle, en 1573, à la prise de Chartres en 1577 et fut blessé devant la Fère en 1580. Chevalier des ordres du Roi en 1579, duc et pair en 1581, colonel général de l'infanterie en 1584, amiral de France en 1587, il exerça, en outre, de nombreux gouvernements. Il était resté presque le seul favori du roi après la mort de Quélus, Maugeron et Livarot, lors de leur fameux duel contre Entragues, Riberac et Schomberg en 1578. Il semble que Henri III ait voulu élever sa fortune pour l'opposer à Henri de Guise auquel il tint tête, en effet, pendant un certain temps. Henri III voulut même, un moment, lui faire épouser la sœur du roi de Navarre, comme il avait fait épouser à son autre favori Joyeuse, tué à Coutras, la sœur même de la reine. A la mort de Henri III, d'Epernon ne voulut pas reconnaître Henri IV et entraîna dans sa défection une grande partie de l'armée, ce qui obligea le roi à lever le siège de Paris. Henri IV l'employa plus tard et il continua à jouer un rôle important dans l'Etat. On a vu qu'il l'avait envoyé en Provence pour combattre Guise et la Ligue. Il était dans le carrosse du roi lorsque Henri IV fut assas-

---

(1) Je suis de ceux qui pensent que le massacre de la Saint-Barthélemy, toléré, favorisé même par le gouvernement, a été surtout un acte de fureur populaire comme il y en a, aujourd'hui encore, mais en sens inverse.

(2) V. *Revue des Deux Mondes*, n° du 1ᵉʳ janvier 1871, p. 181.

siné par Ravaillac. Il montra alors beaucoup de présence d'esprit, fit déclarer régente par le Parlement la reine Marie de Médicis et exerça d'abord le pouvoir sous son nom. Il dut céder ensuite à l'ascendant de Concini et se retira dans son gouvernement de Guyenne. Il favorisa, plus tard, l'évasion de la reine, détenue à Blois après la mort du maréchal d'Ancre. Sous le ministère de Richelieu, il fut justement puni de ses hauteurs et de ses violences, et mourut en 1642.

On remarquera que, dans la signature de ce document, l'orgueilleux d'Epernon, obligé de céder la première place au comte d'Auvergne, bâtard d'Orléans, a tenu à signer dans une colonne séparée, à la même hauteur que le neveu du roi.

François, gouverneur de Paris, etc., était François d'O, seigneur d'O, de Fresnes et de Maillebois, maître de la garde-robe et premier gentilhomme de la chambre. La terre d'O est en Normandie, dans le département de l'Orne. C'est lui qui porta la parole au nom des gentilshommes catholiques qui ne voulurent pas reconnaître Henri IV après la mort de son prédécesseur. Il mourut en 1574. C'était le frère de Jacques de la Guesle, procureur général au Parlement de Paris, qui, sur un faux avis du président de Harlay, introduisit Jacques Clément auprès du roi à Saint-Cloud.

Charles de Balsac, *cappitaine des gardes du corps*, etc., était Charles de Balsac, dit le Jeune, troisième fils de Guillaume de Balsac et de Louise d'Humières. Il était gentilhomme de la chambre et capitaine de la compagnie des cent archers de la garde du corps du Roi. Il avait suivi en Pologne le prince, qui, à son retour, le fit chevalier de ses ordres. Il fut tué à la bataille d'Ivry, le 14 mars 1590.

Ruzé, *premier secrétaire d'Estat*, était Martin Ruzé, seigneur de Beaulieu, grand-oncle d'Antoine Coiffier, marquis d'Effiat, qu'il fit son héritier. Celui-ci, qui mourut maréchal de France en 1632, était le père d'Antoine Coiffier de Ruzé, marquis de Cinq-Mars, devenu le favori de Louis XIII, et qui fut décapité avec de Thou, en 1642, pour complot avec l'Espagne.

ANNEXE N° 2.

Relation de ce qui s'est passé au parlement d'Aix dans le jugement de l'affaire de M¹¹ᵉ Cadière et du P. Girard, le 10 octobre 1731 (V. Bibl. nationale, 159-6748). *Recueil général concernant le procès*, etc., etc. 2 vol. in-folio, f. F. 3).

Opinion des juges (1).

Ont été d'opinion de mettre le P. Girard hors de cour et de procès, purement et simplement :

MM. de Villeneuve d'Ansouis, rapporteur; de Mons, évangéliste (2); de Vallabres, d'Estienne, de Meyronnet-Châteauneuf, de Meyronnet Saint-Marc, de Montvallon, de Parade, de Faucon, d'Espinouse, président.

Ont été d'opinion de le faire brûler vif : MM. de Maliverny, président; de Montvert, de Saint-Jean, de Peirole, de Ricard, de

---

(1) Il ne faut pas oublier que le P. Girard était accusé de sortilége (et comme tel susceptible d'être brûlé vif), de rapt, inceste criminel, avortement, subornation de témoins, calomnie, impiété et autres crimes.

(2) Quelques auteurs modernes, hostiles au clergé et qui n'ont reparlé du procès de la Cadière qu'en vue du scandale, ont appuyé sur le titre d'*évangéliste* donné à M. de Mons comme impliquant un caractère ecclésiastique, et en faisant naturellement un homme dévoué d'avance à la cause du P. Girard ou du clergé qu'ils s'efforcent de confondre avec la sienne. Ils se sont grossièrement trompés. Evangéliste, appliqué à un conseiller du Parlement, ne veut pas dire ce qu'ils pensent. Cette qualification n'a aucun caractère religieux. Voici l'explication que donne de ce mot le *Dictionnaire* de Bescherelle : « Evangéliste se disait autrefois au « Palais du conseiller qui tenait l'inventaire d'un procès pendant que le « rapporteur lisait les pièces. » Les auteurs de ces livres irréligieux commettent d'ailleurs une bien autre sottise en attaquant les conseillers qui ont acquitté le P. Girard. Il était surtout accusé de sortilége, ce qui, d'après les lois existantes, l'exposait à être brûlé vif. Ils voudraient donc que des hommes qui, comme Voltaire ou d'Argens, ou simplement comme les hommes éclairés du temps, ne croyaient plus aux sorciers, condamnassent le P. Girard à une mort horrible pour un crime auquel ils ne croyaient plus et pour être simplement désagréables aux Jésuites.

Moissac, de Trimond, de Nible, de la Boulie, de Blanc-Laveaune.

A être enfermé pour toujours : M. de Galice.

A un bannissement perpétuel : M. de Suffren, doyen.

A le mettre hors de cour et de procès, et néanmoins à le renvoyer à l'official pour le juger sur le délit commun : M. le président Piolenc, M. le premier président.

M. le président de Régusse, après avoir expliqué ses motifs de détermination, dit : « Messieurs, je vous annonce d'avance que si on me fait réduire, j'opine à la mort ; mais mon sentiment est que, dans une affaire comme celle-ci, nous devrions être tous d'une commune voix et ne pas souffrir qu'un criminel l'emportât *in mitiorem;* ainsi mon opinion, à laquelle je crois que tout le monde doit se réduire, est d'ordonner une continuation d'information, même pour censures ecclésiastiques, décréter toutes les stigmatisées et confronter tous les témoins qui ne l'ont pas été. »

Cet expédient ne fut pas suivi : les juges qui avaient opiné à mettre le P. Girard hors de cour et de procès purement et simplement, se rangèrent à l'opinion de M. le premier président et de M. de Piolenc, c'est-à-dire au renvoi à l'official (1).

M. de Suffren se rangea aussi de cette opinion et, par ce moyen, sa voix se réduisit, avec celle de M. de Faucon, son neveu germain, en sorte que l'arrêt passa *in mitiorem* en faveur du P. Girard, 12 contre 12 ; M. le président de Régusse et M. de Galice s'étant rangés à l'opinion de ceux qui le condamnèrent au feu.

On vint ensuite à la Cadière. M. le rapporteur dit : « Il y a des conclusions à la mort contre cette fille, mais il ne s'en agit pas. » En effet, de vingt-cinq juges, il n'y en eut pas un d'avis de la condamnation au dernier supplice.

M. le rapporteur opina pour la faire enfermer dans la maison de refuge de Toulon pour toute sa vie; mais il se réduisit à dix ans, puis à quatre, puis il se serait réduit à vingt-quatre heures.

M. de Mons fut du même avis.

Mais M. de Suffren, qui était le troisième à opiner, dit : « Nous venons, messieurs, d'absoudre le plus grand criminel qui sera jamais et nous imposerions la moindre petite peine à cette fille ! Il faudrait mettre le feu au Palais. Aussi je suis d'avis de la mettre hors de cour et de procès. » Mais en résumant les opinions et en lui faisant coarcter la sienne à force de crier, on lui fit ajouter qu'elle serait renvoyée à sa mère pour en avoir soin.

Furent du même avis : MM. de Montvert, de Peirolles, de

---

(1) C'est-à-dire à la juridiction ecclésiastique.

Moissac, de Ricard, de Nibles, de Blanc-Laveaune, de Saint-Jean, de Galice, de Maliverny, de Trimond, de la Boulie, de Régusse, d'Estienne, d'Espinouse.

M. le premier président n'opina point et dit qu'il était du sentiment de la voix la plus douce.

A la faire enfermer au refuge de Toulon : MM. le rapporteur, de Meyronne Saint-Marc, de Parade, de Piolenc, de Meyronnet-Châteauneuf.

A lui faire faire amende honorable devant le saint sacrement de l'église cathédrale de Toulon, porte fermée : MM. de Mons, de Montvallon, de Faucon, de Vallabres.

Le P. Cadière et l'abbé Cadière furent mis hors de cour et de procès tout d'une voix.

A l'égard du Carme (1), M. le rapporteur fut d'avis de le condamner à dix ans d'interdiction de toutes les fonctions et dignités de son ordre.

Il y eut quelqu'un qui lui demanda alors depuis quand il était devenu évêque pour lui imposer de pareilles peines.

M. de Montvallon dit qu'il mériterait d'être envoyé aux galères, mais que, cependant, il se réduisait à le renvoyer à ses supérieurs, et furent de cet avis : MM. de Mons, de Parade, de Meyronnet Saint-Marc.

Les vingt autres juges, au contraire, furent d'avis de le mettre hors de cours et de procès.

Il fut enfin question des conclusions des gens du roi contre MM. Chaudon et Aubin (2).

M. le rapporteur fut d'avis de les décréter d'un ajournement personnel. Mais M. le président dit : « Messieurs, leurs parties ont signé avec eux leurs écrits. » Ce qui fit qu'il ne fut plus question de rien, et tous se réduisirent à ce que certains endroits desdits écrits, où il était mal parlé de la magistrature, fussent lacérés.

(1) Il s'appelait Nicolas de Saint-Joseph, carme déchaussé. C'était lui qui avait ouvert les yeux de la Cadière sur la conduite du P. Girard, et s'était fait son accusateur.

(2) C'étaient les avocats des Cadière. Ils étaient accusés d'avoir insulté la magistrature.

ANNEXE N° 3.

**MINISTÈRE
DE LA GUERRE**

DIRECTION
DU CONTROLE
ET DE LA
COMPTABILITÉ

Bureau
DES ARCHIVES

Pour extrait :
L. HENNET.

VÉRIFIÉ :
Le sous-chef,

A. D'OTÉMAR.

Le chef,
HENNET.

Délivré sans aucun frais à M.

en réponse à sa demande parvenue le 19 octobre 1880, enregistrée n° 12454.

RÉPUBLIQUE FRANÇAISE

Par ordre du Ministre de la Guerre,
Le Directeur
certifie que des registres matricules et documents déposés aux Archives de la Guerre a été extrait ce qui suit :

NOM ET SIGNALEMENT du militaire.	DÉTAIL DES SERVICES.
Chevalier puis Marquis DE LESTANG DE PARADE (Joseph-Melchior), fils d'Antoine et d'Elizabeth DE MABLAN DE RAYMOND, né le 21 avril 1737, à Arles (Provence).	Page du Roi, en la petite écurie. Juillet 1751. Lieutenant réformé sans appointements, à la suite du régiment de Rohan (infanterie), le.................... 1er juin 1754. Maréchal-des-logis dans la compagnie des grenadiers à cheval de la Maison du Roi, le.................... 6 janvier 1755. Sous-lieutenant, le........ 26 mars 1757. Lieutenant, le .... 23 février 1765. Retiré, le................. 25 août 1767, avec pension de 1 500 francs. Chevalier de Saint-Louis, le 15 février 1771.

Fait à Paris, le 6 novembre 1880.

POUR LE DIRECTEUR :
Le Sous-directeur,
M. DE MAMONY.

ANNEXE N° 4.

MINISTÈRE DE LA GUERRE

RÉPUBLIQUE FRANÇAISE

Par ordre du Ministre de la Guerre,
Le Directeur
certifie que des registres matricules et documents déposés aux Archives de la Guerre a été extrait ce qui suit :

DIRECTION DU CONTROLE ET DE LA COMPTABILITÉ

Bureau DES ARCHIVES

Pour extrait :
L. HENNET.

VÉRIFIÉ :
Le sous-chef,
A. D'OTÉMAR.

Le chef,
HENNET.

Délivré sans aucun frais à M.

en réponse à sa demande parvenue le 10 octobre 1880, enregistrée n° 12454.

NOM ET SIGNALEMENT du militaire.	DÉTAIL DES SERVICES.
Marquis DE LESTANG DE PARADE (Joseph-Sextius), fils de Joseph-Melchior et d'Elisabeth-Pierrette DE RICARD DE BRÉGANSON, né le 6 novembre 1765, à Aix (Bouches-du-Rhône), marié le 5 décembre 1803, à Eugénie-Joséphine Adélaïde-Louise DE FORBIN.	Cadet-gentilhomme au régiment de Languedoc (Dragons), le..... 24 novembre 1780. S.-Lieutenant de remplacem., le 27 avril 1785. Capitaine réformé au régiment Dauphin (dragons), le.................. 8 février 1786. Capitaine de remplac., le 1er décembre 1789. Émigré............................ 1791. Nommé provisoirement adjudant de place de 2e classe à Paris, le... 31 décembre 1815. Breveté chef d'esc. de caval., le 21 février 1816. (Rang du 8 février 1796.) Confirmé dans son emploi d'adjudant de place de 2e classe, à Paris, le 23 juin 1816. Lieutenant-colonel de cavalerie honoraire, le..................... 11 novembre 1816. Mis en non-activité le... 19 novembre 1816. A obtenu une pension de retraite du grade de chef d'escadron, le... 20 décembre 1829. Décédé, le....................... 6 mai 1836. Chevalier de Saint-Louis, le 5 octobre 1814. *Services hors des armées nationales :* Émigré en 1791. A rejoint l'armée de Condé en 1792, et a été placé dans l'escadron de Choiseul d'Aillecourt. A quitté à la fin de 1793. — Major au régiment de dragons de Nigigaraski, au service de Russie en 1794. A cessé de servir à la fin de 1797. Campagnes : 1792 et 1793, armée de Condé ; 1794, 1795, 1796, 1797, armée russe.

Fait à Paris, le 6 novembre 1880.

POUR LE DIRECTEUR :
Le Sous-directeur,
M. DE MAMONY.

www.ingramcontent.com/pod-product-compliance
Lightning Source LLC
LaVergne TN
LVHW051505090426
835512LV00010B/2346